校企合作铁道运输专业精品教材

互联网+教育改革新理念教材

普通话与播音艺术

主编　朱奇涵

内容提要

本书共 4 个项目，具体内容包括普通话语音训练、高铁服务语言沟通训练、高铁播音表达训练、普通话水平测试应试技巧。

本书可作为职业院校高速铁路客运乘务、铁道交通运营管理及其他相关专业的教材。

图书在版编目（CIP）数据

普通话与播音艺术 / 朱奇涵主编. -- 上海 : 上海交通大学出版社, 2021（2024 重印）
ISBN 978-7-313-24465-9

Ⅰ. ①普… Ⅱ. ①朱… Ⅲ. ①普通话－教材②播音－语言艺术－教材 Ⅳ. ①H102②G222.2

中国版本图书馆 CIP 数据核字(2021)第 090241 号

普通话与播音艺术
PUTONGHUA YU BOYIN YISHU

主　　编：朱奇涵
出版发行：上海交通大学出版社　　地　　址：上海市番禺路 951 号
邮政编码：200030　　电　　话：021-64071208
印　　制：三河市祥达印刷包装有限公司　　经　　销：全国新华书店
开　　本：787 mm×1092 mm　1/16　　印　　张：9.5
字　　数：208 千字
版　　次：2021 年 7 月第 1 版　　印　　次：2024 年 2 月第 4 次印刷
书　　号：ISBN 978-7-313-24465-9
定　　价：35.00 元

前　言

Preface

随着社会发展水平的提高，旅客对高铁服务的要求越来越高。日常服务中，语言沟通与站车播音是高铁服务工作的重要内容，正确运用高铁服务语言与播音技艺可提高高铁服务人员的服务水平和服务技能。因此，为了培养高铁服务技能型人才，使其适应未来高铁的发展，我们精心编写了本书。

本书具有以下几个特点。

1．立德树人，润物无声。党的二十大报告指出："育人的根本在于立德。"本书有机融入党的二十大精神，秉承立德树人的教育理念，穿插设计丰富的案例及模块，如"探渊索珠""诗词之美""素质园地"等，将课程教学与素质教育相融合，大力弘扬以爱国主义为核心的民族精神，培育忠诚为党的信念与爱岗敬业的职业品格，教育引导学生深刻理解并自觉践行高铁服务业的职业精神与职业规范，对学生起到润物无声的教育效果。

2．校企合作，理实一体。本书以"实践育人"为核心，通过学校教师与高铁企业专家通力合作，将理论知识与实践有机结合，使内容贴近企业实际工作，有助于学生工作后更快地适应工作岗位。

3．体例创新，任务驱动。本书采用项目任务式体例编写，每个项目包含若干任务。每个任务均设置任务引入，充分激发学生的学习兴趣，且让学生带着问题去学习相关知识，以提高学生的学习效率。此外，教材设计了形式多样的任务实施，如"演讲比赛""声母辨读比赛""情景模拟演练""上机模拟测试"等，以便让学生更好地掌握与运用所学知识。

4．全新形态，模块丰富。本书在讲解相关知识时，设置了丰富多样的小模块，如"趣味小案例""知识链接""小贴士""拓展提高""释疑解惑"等，不仅可以丰富学生的知识面，拓展学生的思维，还可以美化版面，使版式更加生动。另外，本书还在恰当的知识点处设置了"读一读""练一练""课堂讨论""跃跃欲试"等模块，活跃课堂氛围，提高学生学习的积极性。

5．平台支撑，资源丰富。本书配备了丰富的数字资源（如微课视频等），以满足学生学习需求。学生扫描书中二维码即可观看精彩视频，同步学习相关知识。例如，学生通过扫码观看双唇音和唇齿音的视频，可以更加清晰直观地看到在双唇音和唇齿音的发音过程

中口型的不同变化、气流流出的位置等情况。读者也可以登录文旌综合教育平台“文旌课堂”（www.wenjingketang.com）体验平台式教学及下载相关教学资源包。

此外，本书还提供了在线题库，支持“教学作业，一键发布”，教师只需通过微信或“文旌课堂”App 扫描扉页二维码，即可迅速选题、一键发布、智能批改，并查看学生的作业分析报告，提高教学效率、提升教学体验。学生可在线完成作业，巩固所学知识，提高学习效率。

本书由朱奇涵担任主编，鞠广东、王蕾担任副主编。

在编写本书的过程中，我们参考了大量的资料。由于部分资料来自网络，我们未能确认出处，也暂时无法联系到原作者。对此，我们深表歉意，并欢迎原作者随时与我们联系（电话：4001179835）。由于编者能力有限，书中存在的不完善之处，诚请各位老师和广大读者批评指正。

目　录

Contents

绪　论

语言是人们进行社会活动的重要交流工具，人们通过它可以传递信息、交流思想和表达感情。在高铁服务行业中，语言交流更是重中之重。例如，从进站引导到检票口检票，再到列车内的安全示范、送餐、广播等，都需要高铁服务人员借助语言与旅客进行沟通。随着经济社会的发展，人们对高铁服务人员语言表达能力的要求越来越高。语言表达规范、得体，已经成为衡量高铁服务人员素质的重要标尺。因此，对于高铁服务人员来说，掌握高铁服务语言是非常重要的。

0.1　高铁服务语言的基本要求

高铁服务人员在与旅客进行语言沟通时，应注意用词得体，吐字发音标准，语气柔和、表达自然，语速适中、语句流畅，语言幽默。

1. 用词得体

1）多用口语，少用书面语

在为旅客服务过程中，高铁服务人员应尽可能使用口语，少用书面语。口语会使人感到更加亲切，书面语虽然很庄重、精练，但会减少亲切感、活泼性。例如，“无须乎”和“诸如”不如“不必”和“比方说”亲切。

2）避免使用网络用语和时髦语

随着科技的发展，互联网影响了人们的生活方式和文化传播方式，并衍生出一种网络上流行的用语——网络用语。这类语言属于非正式语言，并不适用于高铁服务。例如，将旅客称为“亲”，把列车上销售的商品说成“东东”等，都可能让对网络不熟悉的人产生误解。

另外，社会上常常流行一些时髦语，如“必须的”是“一定做到”的时髦语，“很 Q”是“很可爱”的时髦语。这些时髦语虽然风靡一时，但它们是不规范的。时髦语在口语中出现过多，不但会削弱语言的表现力，而且会影响传达效果，容易造成歧义。

因此，高铁服务人员说话时要尽量避免使用网络用语和时髦语。

3）避免使用同音词和近音词

现代汉语中有很多同音词与近音词，其含义大相径庭。在口语表达中，若没有文字材料作为依托就使用同音词或近音词，很容易使人误解。因此，高铁服务人员应尽量避免使用同音词或近音词。

趣味小案例

古时候，有个青年骑马赶路，眼看天近黄昏，前不着村、后不着店，心里很是着急。这时，正好有个老汉路过，青年大声喊道："老头，这儿离客店还有多远啊？"老汉回答道："五里。"于是青年继续赶路，可是赶了十几里路也没有见到客店的影子，他正心里暗暗骂着那老汉时突然醒悟："哪里是'五里'，分明是'无礼'呀，他是在责备我没有礼貌啊！"于是青年马上掉头往回赶，想要找到那老汉向他道歉。当再次见到那老汉时，他翻身下马，恭敬地叫了一声"老先生"，青年正要往下说，老汉就说："客店早已过了，你要是不嫌弃，就到我家住一晚吧。"

（资料来源：https://m.wenda.so.com/q/1445496878725542）

2. 吐字发音标准

吐字发音标准与否是影响语言表达效果的重要因素。如果吐字发音不标准，就可能会导致说者滔滔不绝，听者却如堕云雾。因此，作为一名高铁服务人员，标准的吐字发音至关重要。正如艺术语言大师符·阿克肖诺夫所言："吐字不好、不清楚，就像是键子坏了的破钢琴似的，简直叫人讨厌。"

高铁服务人员应杜绝吐字发音的不良习惯，避免出现"压、挤、捏、噎、憋"的错误发声状态，在现有发声条件的基础上发挥长处、克服短处，找到自己最好的声音，不断提高发声能力。只有这样，才能做到发音时刚柔并济、收放自如，真正使语言成为自己表达思想和传递感情的有力工具。

3. 语气柔和、表达自然

与人交流时应语气柔和，措辞委婉，表达自然，用商量的语气跟人说话，这样将会使人感到亲切愉快，说话内容更容易被人接受。俗话说"一句话能使人笑，也能使人跳"，在为旅客服务过程中，高铁服务人员柔和、自然地与旅客进行交流，是一种非常有效的沟通技巧。这不仅能够赢得旅客的好感、理解和信任，而且能高效地解决问题。

一般情况下，用肯定的语气比用否定的语气说话更会使人感到亲切。此外，还应注

意使用恰当的称谓，如果使用的称谓不恰当，会使沟通效果大打折扣。

4. 语速适中、语句流畅

语速过快或过慢都会影响语言表达的效果。高铁服务人员要把握说话的节奏，说太快容易导致发音含混不清，说太慢则显得不够自信，会使人感到不耐烦。

语句流畅与否对语言表达效果影响也很大。语句流畅，应如行云流水，使人听后心情舒畅，也不易疲劳；语句不流畅，听上去会断断续续、语意含混，不但不易使人领会，而且易令人感到疲劳或烦躁。两者的表达效果相差千里。

一般来说，适中的语速会使语句的表达更流畅。语速过慢，容易导致表达停滞，给人不连贯、生硬的感觉；语速过快，容易导致发音时口腔打不开、归音不准等。

探渊索珠

吐字归音是中国传统戏曲声乐艺术的一种发音方法，已从戏曲艺术逐步渗透到歌唱、话剧等艺术语言以及播音的实践中。它根据汉语语音特点，将一个音节的发音过程分为“出字”“立字”“归音”三个阶段。说话者通过对每一阶段的精心控制，使吐字达到清晰有力、珠圆玉润的境界。其中，归音是指音节发音的收尾过程，要求字尾弱收，肌肉由紧渐松，口腔随之由开渐闭、渐松。归音应干净利索，既不可拖泥带水“留尾”，也不可唇舌“不到家”。

开尾音节收音时应注意用减弱的声波来收音尾，不要改变口腔的大小，不可“吃字”“倒字”“丢字”。“吃字”即吃了字头，出字不好；“倒字”即韵腹发音有问题，字没立住；“丢字”即归音不到家，丢了字尾。

5. 语言幽默

语言幽默并非是哗众取宠。在语言沟通过程中，人们通常希望气氛轻松、愉快，而适当的幽默能调节气氛，并获得对方的好感和善意。例如，高铁服务人员在向旅客解释问题时，可以用幽默的语言去化解，不仅能缓和气氛、安抚旅客情绪，还能使其感到心情愉快、容易理解、乐意接受，最终使问题顺利得到解决。

小贴士

在沟通过程中，运用幽默是要分对象的。不同的人对幽默的理解和感受不同。性格不同的人，可能对幽默的理解和感受存在很大差异。因此，幽默要以引起对方的共鸣为度。

课堂讨论

在日常生活中，我们常常被吹捧、被攻击或陷入尴尬的境地。对此，很多人利用幽默的语言就轻松化解了，下面先看几个例子。

案例一：有一次，郭德纲主持一档脱口秀节目时，采访了一位女医生。他了解到这位女医生是一个有192万粉丝的著名微博博主，于是就问她："很多医生都开了微博，怎么你就红了呢？"女医生马上就说："可能我长得像您吧！"女医生的话其实很巧妙地吹捧了郭德纲，郭德纲却笑着说："那应该大红才对啊！"

案例二：一位顾客肚子非常饿，于是去了一个日料餐馆，发现只有鳗鱼饭。他就很愤怒地质问服务员："为什么只有鳗鱼饭？"服务员微微一笑说："因为快鱼都游走了呀。"

案例三：有一次，脱口秀演员黄西邀请宋启瑜做演出嘉宾。黄西表演完后先走了，一位观众特别热情地对宋启瑜说："我今天本来是冲着黄西老师来的，但是我更喜欢你，你的表演简直太赞了！"宋启瑜听后，笑着说："你怎么现在才说？你应该在黄西老师在的时候说嘛！"就这样，宋启瑜很轻松地化解了尴尬。

讨论：你在日常生活中遇到过什么样的尴尬情境？是如何化解的呢？

0.2 高铁服务语言的训练内容

高铁服务语言的训练内容主要包括普通话语音训练、高铁服务语言沟通训练、高铁播音表达训练。

1. 普通话语音训练

普通话语音训练主要包括声母、韵母、声调、语流音变等发音训练。在训练过程中，要掌握发音练习的方法或技巧。例如，在进行声母发音练习时，要注意声母的发音部位和发音方法，找准吐字时的着力点，使发出的声音有弹性；在进行韵母发音练习时，要注意口腔的开合度和找准舌位，另外还要特别注意韵母的归音问题，韵腹要拉开，韵尾要归音到位。

此外，根据普通话的语音标准，要正确矫正方言、难点音，如舌尖前音与舌尖后音的辨正练习（z–zh，c–ch，s–sh），鼻音与边音的辨正练习（n–l）等。

2. 高铁服务语言沟通训练

高铁服务语言沟通训练包括进站语言沟通训练、列车语言沟通训练和出站语言沟通训练。在训练过程中，要体会高铁服务语言沟通的重要性，遵循语言沟通的原则，并掌握一定的语言沟通技巧。

3. 高铁播音表达训练

高铁播音表达训练包括播音发声技巧训练、播音表达外部技巧训练、播音表达内部技巧训练和播音表达声音弹性训练。在训练过程中，要掌握相应的发声技巧。在此基础上，进行常用通告语播音练习和应急用语播音练习。

0.3 高铁服务语言的学习技巧

说一口标准的普通话看似简单，实则不易，特别是对于一些方言较重的人来说更难，而且高铁服务语言的要求又较高，因此在学习过程中必须要掌握一些技巧，如打好基础、树立信心，重视语音学习、勤加练习，多听多说、培养语感等。

1. 打好基础、树立信心

学习任何知识，都要先打好基础。俗话说“万丈高楼平地起”，因此在学习时不能急于求成，要将基础打牢。另外，还要树立信心。例如，在排除方言带来的干扰时，要找出方言与普通话的差异，并找到自己的问题所在，及时纠正，同时更要不断鼓励自己，逐渐树立学好普通话的信心。

2. 重视语音学习、勤加练习

语言由语音、词汇和语法三个要素组成，其中语音是语言的基础。只有学好语音，才能听懂别人说的话，才能使别人听懂自己所要表达的内容，因此必须重视语音的学习。另外，在学习语音过程中，要勤加练习，不断纠正发音，这样才能使发音更加准确、规范。

3. 多听多说、培养语感

学习语言最基本的方法就是听和说。听广播，听电视里主持人讲话，听身边普通话说得好的老师、同学、朋友说话，听你喜欢的影视作品等都是不错的学习途径。听的时候，一定要仔细听那些你容易读错、易混淆的音，如 ing 与 in 的发音等。听完他人的发音后，一定要记得跟读，模仿他人的正确发音。针对自己方言的问题，要重点练习，做到字正腔圆，逐渐培养语感。

思考与练习

1. 填空题

（1）高铁服务语言的基本要求主要体现在____________________，吐字发音标准，____________________，语速适中、语句流畅，______________等方面。

（2）______________是指音节发音的收尾过程。

（3）语言由__________、__________和__________三个要素组成，其中__________是语言的基础。

2. 判断题

（1）一般来说，适中的语速会使语句的表达更流畅。（　　）

（2）在沟通过程中，由于幽默的语言能调节气氛，获得对方的好感，因此对任何人都可以运用幽默的语言。（　　）

3. 简答题

（1）高铁服务语言的训练内容有哪些？

（2）如何学好高铁服务语言？

素质园地：推广普通话是社会主义建设的重要内容

语言是人们进行一切社会活动的交际工具。一个幅员辽阔的国家为了交际就需要一种民族共同语。我国人民自古就非常重视民族共同语的作用，历史上的“雅言”“通语”“官话”就有民族共同语的性质。普通话作为现代汉民族共同语，在中国现代社会的交际中起着不可忽视的作用。中华人民共和国成立以来，普通话的推广和普及工作受到了党和政府的相当重视。

在我国历史上，人们就非常重视民族共同语的作用。早在春秋时期出现的“雅言”，就带有民族共同语的性质。《论语》中记载孔子在颂读诗书和执行礼仪活动时，使用的是当时通用的“雅言”，而不是自己的家乡话山东话。汉代时的“通语”，明清时期

的“官话”都是当时的共同语。今天，在建设中国特色社会主义现代化的历史进程中，大力推广、积极普及全国通用的普通话，对社会主义经济、政治、文化建设都具有重要意义。

普通话推广显示了民族的昌盛、国家的统一，有利于增进各民族各地区的交流，维护国家统一，增强民族的凝聚力和弘扬优秀的传统文化；有利于贯彻教育面向现代化、面向世界、面向未来的战略方针，提高民族文化素质和加强社会主义精神文明建设；有利于推动中文信息处理技术的发展和应用，促进科学技术的现代化，对文化和科技事业的发展意义重大。从实质意义来讲，“普通话是情感的纽带、沟通的桥梁”，普通话成了一种消除阻隔、便利交往的沟通媒介，一种降低成本、增加人际收益的情感纽带。

项目 1 普通话语音训练

项目导读

语言是一个民族的声音。我国的通用语言是普通话，它是我们日常交流的工具，它为不同地域、不同民族的中国人架起了一座沟通的桥梁。如果你不会普通话，那么将寸步难行。本项目将介绍普通话的基础知识及相关发音训练。

知识目标

- 理解普通话的含义和语音基础知识。
- 了解声母的含义和分类，掌握声母的发音方法。
- 了解韵母的含义和分类，掌握韵母的发音方法。
- 了解调值和调类的含义，掌握声调的发音方法。
- 了解语流音变的含义，掌握轻声、儿化和变调的发音方法。

技能目标

- 能够正确对声母、韵母和声调进行发音。
- 能够正确分辨易混淆的声母、韵母和声调。
- 能够正确对轻声、儿化和变调进行发音。

素质目标

- 通过学习普通话的含义与相关知识，意识到语言对民族、文化传承的重要性，弘扬汉字文化，增强民族自豪感。
- 通过练习古诗词与绕口令，感受中国汉字、语音与诗词之美，培养审美情趣，提高审美能力。
- 通过了解《广韵》的基础知识，体会中华优秀传统文化博大精深，增强文化自信。

任务 1.1 普通话认知

任务引入

我们从小学阶段就开始学习普通话，但是只有少部分人能够讲一口标准的普通话，多数人都存在这样或那样的发音问题。追根溯源，这主要是由以下几个方面造成的：一是深受方言影响；二是教师的普通话水平不高；三是自己的错误发音没有得到及时纠正。有人认为，自己从小就没有打好学习普通话的基础，错误的发音已经根深蒂固，很难再纠正。其实不然，掌握正确的学习方法，并进行有针对性的训练，是能够练就一口标准的普通话的。

请思考：什么是普通话？如何说好普通话？

相关知识

1.1.1 普通话的含义

普通话既是现代汉语的标准语言，也是全国各民族通用的语言。普通话是以北京语音为标准音、以北方话为基础方言、以典范的现代白话文著作为语法规范的现代汉民族共同语。下面从语音、词汇、语法三个方面来具体阐述普通话的内涵。

（1）语音方面。

“以北京语音为标准音”是普通话在语音方面的要求。普通话以北京语音为标准音的原因主要有两点：一是北京自元朝以来一直是我国政治、经济、文化中心，其语音传播速度快、影响范围广，很容易被大众接受；二是北京语音本身的音素、声调和音节等都比其他方言更简单而且更容易掌握，发音清晰且具有韵律美。这两个原因促使北京语音成为标准音。

探渊索珠

北京话就是普通话吗？

在我们周围，有不少人认为北京话就是普通话，这个观点是错误的。北京话与普通话是有区别的。例如，在评价一个女孩儿的长相时，我们可能会说“较清秀（jiào qīngxiù）”，这话要是让一个北京人来说，也许他会说成“jiǎo qīngxiù”。这时候，听的人就犯糊涂了，难道这是说女孩儿的脚长得清秀、好看吗？又如，北京人把“邮局（yóujú）”说成“yōujú”，把“附近（fùjìn）”说成“fǔjìn”，把“侵略（qīnlüè）”说成“qǐnlüè”等。

此外，北京话中还有一些土音。例如，老北京人把连词“和（hé）”说成“hàn”，把“蝴蝶（húdié）”说成“hútiěr”，把“告诉（gàosu）”说成“gàosong”等。其实，北京话也是方言的一种，只不过是具有特殊地位的一种方言罢了。

（2）词汇方面。

“以北方话为基础方言”是普通话在词汇方面的要求，就是普通话一般以北方方言中比较通行的词汇为标准。因为北方方言分布在华北、东北、西南、西北等地区，与其他方言相比，分布区域最广，使用人口最多。这样，普通话以大多数人惯用的北方话词汇为基础，就很容易普及了。

“以北方话为基础方言”并非意味着普通话词汇就是北方话词汇，普通话词汇中不包括北方话当中的土语，如“老爷们”“老姑娘”“堂客”等，这很难使其他方言区的人理解，因而不能作为普通话词汇来推广。另外，普通话也吸收了其他方言中影响力大、富有表现力的词汇，如“排档”“垃圾”等。

（3）语法方面。

“以典范的现代白话文著作为语法规范”是普通话在语法方面的要求。白话文是北方话的书面形式，是在口语基础上经过提炼加工而形成的文学语言；现代白话文是指非五四运动以前的白话文；典范是指非方言写成的，能代表普通话口语习惯和发展趋势的，经过检验认定的作品。由于典范的现代白话文严谨、经得起推敲，能对口语起指导作用，并能使普通话的语法规则相对固定下来，因此白话文的语法规则就成了普通话的语法规范。

1.1.2 普通话的语音基础知识

语音的本质属性

语音即语言的声音，是指人类通过发音器官发出来的、具有一定意义的、用来进行社会交流的声音。语音是语言的物质外壳，是语言的表现形式。人类的语言首先是通过语音形成的，世界上有无文字的语言，但没有无语音的语言。

1. 语音的性质

语音的性质包括物理属性、生理属性和社会属性。语音是人类所特有的，它不同于自然界中的风声、雨声、动物的叫声等。风声和雨声只有物理属性，没有生理属性和社会属性；动物的叫声只有物理属性和生理属性，没有社会属性。社会属性是语音的本质属性。

1）语音的物理属性

语音属于一种物理运动，具有物理属性，包括音高、音强、音长和音色 4 个要素。

（1）音高。

音高

音高是指声音的高低，以赫兹（Hz）为单位。它取决于声波频率（即声波每秒振动的次数）的高低，如图 1-1（a）所示。频率高，声音就高；频率低，声音就低。音高与人类声带的长短、松紧、厚薄有着密切的关系。通常，女性的声带要比男性的短、紧、薄，因此女性发出的声音要比男性高。

（2）音强。

音强是指声音的强弱，以分贝（dB）为单位。它取决于声波振幅（即声波振动的幅度）的大小，如图 1-1（b）所示。振幅大，声音就强；振幅小，声音就弱。

小贴士

音强和音高往往有连带关系。一般来说，音强加强时，音高也会升高；音高升高时，音强也会加强。

（3）音长。

音长是指声音的长短，以毫秒（ms）为单位。它取决于声波振动持续时间的长短，如图 1-1（c）所示。振动持续时间长，声音就长；振动持续时间短，声音就短。

（4）音色。

音色又称音质，是指声音的特色和本质。它取决于发音时的音波形式，如图 1-1（d）所示。音波形式不同，音色就不同。音波形式是发音体、发音方式和共鸣器官共同作用的结果。发音体是指声带；发音方式是指使声带振动的方式（如爆破发音、摩擦发音等）；共鸣器官是指与声带的振动产生共振的空间（如口腔、鼻腔等）。共鸣器官可以放大声带发出的声音，其形状不同，发出的声音就不同。例如，人们通过调整舌位、改变口形，发出不同的音。

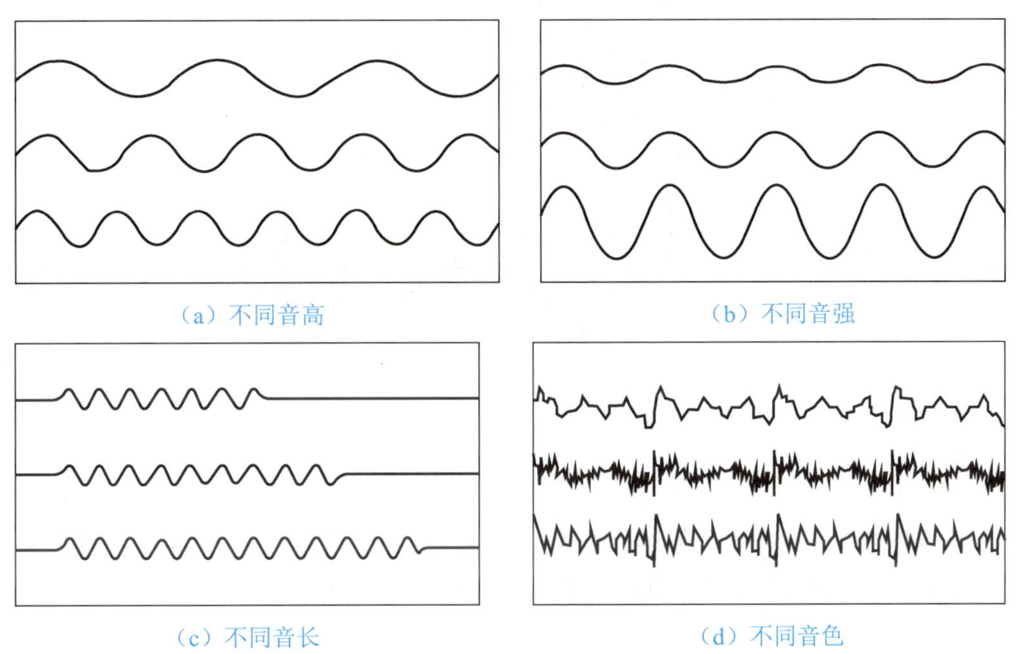

（a）不同音高　（b）不同音强　（c）不同音长　（d）不同音色

图 1-1　语音的物理属性

2）语音的生理属性

语音的生理属性表现在它是由人的发音器官（如图 1-2 所示）发出的。发音器官是由生理作用各不相同的人体器官构成的，可分为呼吸器官、发声器官、吐字器官和共鸣器官。呼吸器官包括肺、气管和横膈膜等，它们为发音提供所需的空气动力，有“气动则声发”之说。发声器官包括喉头和声带，其作用是在空气动力的推动下，发出可供吐字器官和共鸣器官加工的声音。吐字器官包括唇、齿、舌、软腭、硬腭等，它们对发声器官产生的声音进行加工，形成具有意义的语音。共鸣器官由口腔、咽腔、鼻腔和胸腔构成，它们对形成语音、扩大音量和丰富音色有不可忽视的作用。

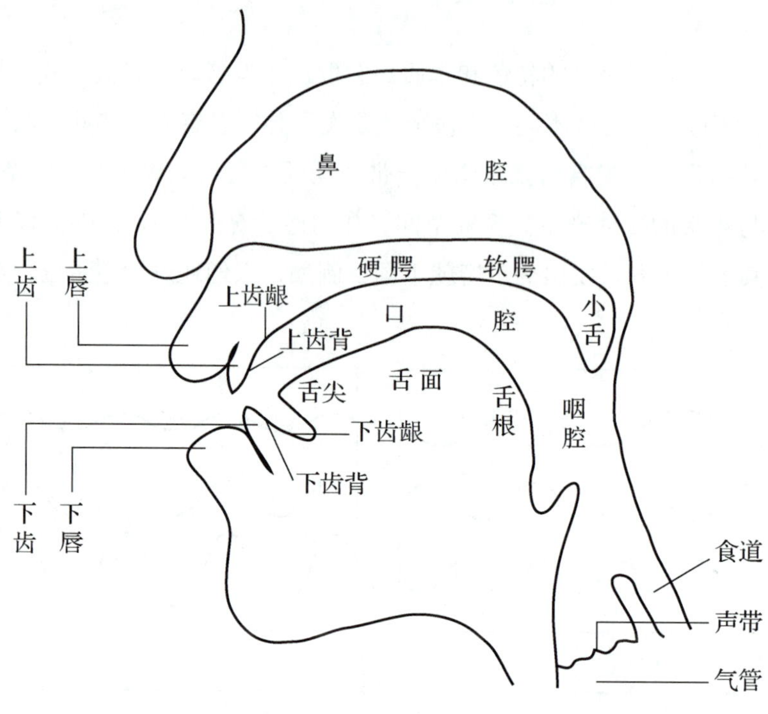

图 1-2　发音器官

小贴士

横膈膜位于心脏和双侧肺脏的下方，肝脏、脾脏和胃的上方，就像一个大圆盘平放在身体内部，分隔了胸腔和腹腔，随着呼吸而上下运动。

3）语音的社会属性

语音之所以不同于其他声音，就在于它是语言的物质外壳。语音只有作为意义的载体，才能起到社会交流的作用，而语音和意义的结合不是由一个人决定的，而是由社会全体成员约定俗成的。

2. 语音的基本概念

1）音节和音素

音节是构成语音的基本单位。一般来说，一个汉字就是一个音节，但是儿化音除外。例如，“普通话”三个字就是三个音节。又如，“花儿”和“盆儿”都写成了两个汉字，但要读成一个音节“huār”和“pénr”。普通话有 400 多个基本音节，学好普通话最简单的方法是读准这 400 多个基本音节。

音节

音素是构成音节的最小单位，普通话有 32 个音素。一个音节可以有一个音素，也可以有多个音素。例如，“啊（ā）”“鹅（é）”均只有一个音素，而“大（dà）”“地（dì）”“人（rén）”“民（mín）”有两个或三个音素。但是，一个音节最多不能超过四个音素，如“交（jiāo）”“想（xiǎng）”。

2）元音和辅音

音素可以分为元音音素和辅音音素两大类。

（1）元音音素有 10 个：a、o、e、ê、i、u、ü、-i（前）、-i（后）、er。其发音特点是：① 发音时，因气流使声带振动，随后在口腔内不受阻碍而发出响亮的声音；② 气流较弱，无特别紧绷的器官；③ 它是音节的主要组成部分，也可自成音节。

（2）辅音音素有 22 个：b、p、d、t、g、k、z、c、zh、ch、j、q、f、s、sh、r、x、h、m、n、ng、l。其发音特点是：① 发音时，气流会不同程度地受到咽喉、口腔等的阻碍，气流只有克服各种阻碍才能成音；② 气流较强，口腔中阻碍气流的器官特别紧绷；③ 声带一般不振动，声音不响亮。

3）声母、韵母和声调

音节可分为声母、韵母和声调 3 部分。

（1）声母：音节开头的部分，又称字头。普通话有 21 个辅音声母。

（2）韵母：音节中声母后面的部分，主要由元音构成。例如，“发达（fādá）”中的“a”，“机器（jīqì）”中的“i”，以及“电线（diànxiàn）”中的“ian”等都是韵母。普通话有 39 个韵母。

（3）声调：音节的高低、升降形式，又称字调。声调有阴平、阳平、上声和去声 4 种。

小贴士

一个音节可以没有声母，但一定要有韵母和声调。

任务实施——演讲比赛之“我对普通话的认识”

1. 任务描述

根据国家调查显示，我国只有大约一半的人能说普通话。普通话在家用得较少，在单位用得较多。场合越正式，普通话的使用频率就越高。在此背景下，为了加深学生对普通话的认识，教师组织学生以“我对普通话的认识”为主题，进行演讲比赛。

2. 任务目标

（1）通过演讲比赛，能够深刻体会到普通话的重要性。

（2）引导学生养成说普通话的习惯。

3. 实施步骤

（1）分组。将学生分成若干组（每组4～6人），每组选出1名组长。

（2）准备比赛。组长带领小组成员搜集资料，确定演讲题目，如“讲普通话，从我做起”。各小组撰写演讲稿，组内所有成员进行模拟演讲，最后投票选出1名成员代表小组参加演讲比赛。

（3）正式比赛。教师组织所有小组进行演讲比赛，比赛顺序由各小组现场抽签决定。从不参与演讲的学生中选出1名主持人和3名计分员，分别负责主持和计分工作。

（4）比赛评比。本组外的其他组组长为评委，评分标准见表1-1。除去评委评分中的最高分和最低分，取剩余评分的平均分作为比赛结果，并按平均分的高低排出名次。比赛设一等奖1名，二等奖2名，还可由全体学生投票选出“最佳台风奖”和“最受欢迎奖”。教师可根据情况适当设置奖品。

表1-1 评分标准

评价项目	评分标准	得 分
演讲内容（40分）	选题新颖、深刻，观点正确、鲜明（15分）	
	选材得当、材料充分，切中社会现实，针对性强（15分）	
	结构清晰，逻辑严谨，说服力强（10分）	
语言表达（30分）	普通话标准，吐字发音清楚（10分）	
	表达自然，能准确、恰当地表情达意（10分）	
	演讲流畅，语速适中，节奏富于变化（10分）	
团队协作（10分）	小组成员协作良好（5分）	
	任务完成度高（5分）	
仪表形象（10分）	大方得体、不矫揉造作，举止从容、端正（5分）	
	精神饱满，亲切自然（5分）	
演讲时间（10分）	演讲时间为5分钟，少于4分钟或多于6分钟的，每不满或超过30秒扣2分（不满30秒按30秒计），扣完10分为止	
合 计		

任务 1.2　声母发音训练

任务引入

在日常生活中，你是否遇到过因声母发音错误而使人不明其意的情况？例如，湖北人将“河南（nán）”说成了“荷兰（lán）”，东北人将“小周（zhōu）”喊成了“小邹（zōu）”等。其实，产生这些错误发音的原因就是声母的发音不准确。正确掌握声母的发音是我们学习普通话的基础，也是我们练好普通话的第一步。

请思考：

（1）什么是声母？声母有哪些类型？

（2）如何准确地进行声母的发音？

相关知识

1.2.1　声母的分类

由于声母是音节开头的部分，因此要想发准每个音节的音，就必须先把声母的发音学好。声母可以由辅音或元音构成：由辅音构成的声母，称为辅音声母；由元音构成的声母，称为零声母。

1. 辅音声母

普通话共有 21 个辅音声母：b、p、m、f、d、t、n、l、g、k、h、j、q、x、z、c、s、zh、ch、sh、r。辅音声母可以按发音部位和发音方法进行分类，具体如下。

1）按发音部位分类

按发音部位的不同，辅音声母可分为双唇音、唇齿音、舌尖中音、舌根音、舌面音、舌尖前音和舌尖后音 7 类。

（1）双唇音。

双唇音和唇齿音

双唇音是指因上唇和下唇接触构成阻碍，气流冲破双唇阻碍或

气流在双唇遇阻后从鼻腔通过而发出的音。双唇音有 3 个：b、p、m。

b—— 例字：编、标、背、憋、伴、八、白、播、帮。

例词：褒贬、遍布、病变、宝贝、版本、颁布。

p—— 例字：偏、飘、剖、批、盆、棚、坡、片、叵。

例词：澎湃、琵琶、排炮、拼盘、批评、品牌、评判。

m—— 例字：盲、蒙、面、民、猫、明、目、门、梦、麻、帽。

例词：民盟、蒙昧、密码、妹妹、秘密、门面。

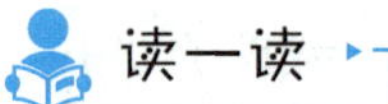
读一读

八百标兵奔北坡

八百标兵奔北坡，炮兵并排北边跑。
炮兵怕把标兵碰，标兵怕碰炮兵炮。

巴老爷芭蕉树

巴老爷有八十八棵芭蕉树，来了八十八个把式要在巴老爷八十八棵芭蕉树下住。
巴老爷拔了八十八棵芭蕉树，不让八十八个把式在八十八棵芭蕉树下住。
八十八个把式烧了八十八棵芭蕉树，巴老爷在八十八棵芭蕉树边哭。

（2）唇齿音。

唇齿音是指因下唇向上齿靠拢构成阻碍而发出的音。唇齿音只有 1 个：f。

f—— 例字：疯、付、饭、否、奋、放。

例词：方法、丰富、反复、飞凤、发放。

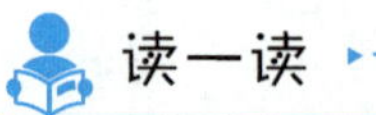
读一读

画凤凰

粉红墙上画凤凰，凤凰画在粉红墙。
红凤凰、粉凤凰，红粉凤凰、花凤凰。

缝裤缝

一条裤子七道缝，斜缝竖缝和横缝，
缝了斜缝缝竖缝，缝了竖缝缝横缝。

（3）舌尖中音。

舌尖中音是指因舌尖抵住上齿龈构成阻碍，气流将其冲开而发出的音。舌尖中音有 4 个：d、t、n、l。

d—— 例字：得、瞪、店、迪、掉、都、读。

例词：到底、达到、单独、得到、对待。

t—— 例字：天、提、头、通、同、谈、图、填。

例词：弹腿、谈谈、头疼、天堂、体态。

n—— 例字：耐、你、女、尼、能、脑、难。

例词：奶奶、男女、妞妞、难耐、南宁。

l—— 例字：来、累、老、聊、拉、林、练。

例词：流利、理论、力量、琉璃、拉链。

读一读

白石塔

白石白又滑，搬来白石搭白塔。
白石塔，白石塔，白石搭白塔，白塔白石搭。
搭好白石塔，白塔白又滑。

倪姓新郎来接李姓新娘

倪伴郎伴着倪新郎来接李新娘，李伴娘伴着李新娘等着倪新郎。
李伴娘长得像李新娘，倪新郎把李伴娘当作李新娘要接走李伴娘；
倪伴郎长得像倪新郎，李新娘把倪伴郎当作倪新郎要跟着倪伴郎。
李伴娘躲开倪新郎，把李新娘推给倪新郎，跟倪新郎说这是你的李新娘；
倪伴郎躲开李新娘，把倪新郎推给李新娘，跟李新娘说这是你的倪新郎。
倪新郎来接李新娘，错把李伴娘当作李新娘，李伴娘差点当上倪新郎的新娘；
李新娘等着倪新郎，错把倪伴郎当作倪新郎，倪伴郎差点当上李新娘的新郎。

（4）舌根音。

舌根音是指因舌根接触或接近软腭构成阻碍而发出的音。舌根音有 3 个：g、k、h。

g—— 例字：个、跟、刚、过、共、改、该、高。

例词：刚刚、广告、规格、尴尬、巩固、骨骼、公共。

k—— 例字：看、课、扣、考、快、开、空、靠。

例词：旷考、旷课、开课、可靠、扣款、坎坷、宽阔。

h—— 例字：好、和、还、会、很、号、或、喊。

例词：换号、换货、花环、货号、混合、祸害、欢呼。

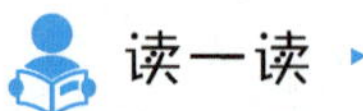

哥哥捉鸽

哥哥过河捉个鸽，回家割鸽来请客，

客人吃鸽称鸽肉，哥哥请客乐呵呵。

哥挎瓜筐过宽沟

哥挎瓜筐过宽沟，过沟筐漏瓜滚沟。

隔沟够瓜瓜筐扣，瓜滚筐空哥怪沟。

（5）舌面音。

舌面音是指因舌面前部抵住或接近硬腭前部，舌尖向下使气流从舌面挤出而发出的音。舌面音有 3 个：j、q、x。

j—— 例字：就、交、家、讲、久、借、经、近。

例词：解决、积极、教具、纠结、拒绝、脚尖、究竟。

q—— 例字：去、亲、全、七、琴、求、恰、抢。

例词：亲切、前期、蛐蛐、请求、恰巧、亲戚。

x—— 例字：想、先、下、写、小、像、学、心。

例词：学校、学习、谢谢、休息、相信、形象。

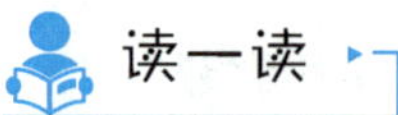

七加一和七减一

七加一、七减一，加完减完等于几？

七加一、七减一，加完减完还是七。

分清巾金睛景

小金到北京看风景，小京到天津买纱巾，看风景，用眼睛，还带一个望远镜。到了天津把商店进，买纱巾，用现金，看风景，用眼睛，巾、金、睛、景要分清。

（6）舌尖前音。

舌尖前音是指因舌尖平伸，抵住或接近上齿背，气流在这一部位受到阻碍后从舌尖挤出而发出的音，又称平舌音。舌尖前音有 3 个：z、c、s。

z —— 例字：在、做、走、字、咋、最、组。

例词：自尊、祖宗、总则、自在。

c —— 例字：才、从、次、词、擦、错、菜。

例词：此次、催促、层次、猜测。

s —— 例字：算、四、撒、所、送。

例词：三嫂、搜索、诉讼、送死。

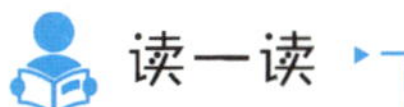

读一读

嘴和腿

嘴说腿，腿说嘴，

嘴说腿爱跑腿，腿说嘴爱卖嘴。

光动嘴不动腿，光动腿不动嘴，不如不长腿和嘴。

（7）舌尖后音。

舌尖后音是指因舌尖上翘，抵住硬腭前部，从而使气流挤出而发出的音，又称翘舌音。舌尖后音有 4 个：zh、ch、sh、r。

zh —— 例字：这、找、真、张、长、装、住、者、正。

例词：这周、转正、真正、专职、政治。

ch —— 例字：吃、出、传、成、穿、唱、抽、处、抄。

例词：唇齿、长城、长处、拆除、常常。

sh —— 例字：是、说、啥、视、收、晒、水、生、双。

例词：实施、双手、身上、上升、师生。

r—— 例字：人、让、仍、任、入、锐、如、热、荣。

例词：人人、仍然、容忍、柔软、软弱。

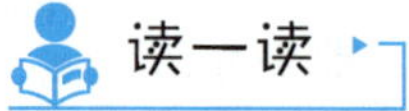

读一读

实事求是

知道就是知道，不知道就是不知道。

不要知道说不知道，也不要不知道说知道。

实事求是一定要做到，这才是不折不扣的真知道。

学时事

史老师，讲时事，常学时事长知识。

时事学习看报纸，报纸登的是时事，心里装着天下事。

2）按发音方法分类

（1）按阻碍方式分类。

按发音时构成阻碍和解除阻碍的方式，辅音声母可分为塞音、塞擦音、擦音、鼻音和边音 5 类。

① 塞音：因口腔中构成阻碍的两个部分完全闭塞，软腭上升，堵塞鼻腔，气流冲破阻碍而发出的音。塞音有 6 个：b、p、d、t、g、k。

② 塞擦音：因口腔中构成阻碍的两个部分形成完全闭塞，软腭上升，堵塞鼻腔，气流把闭塞部分先冲开一条窄缝，再从窄缝中挤出而发出的音。塞擦音有 6 个：j、q、zh、ch、z、c。

③ 擦音：因口腔中构成阻碍的两个部分靠近，留出窄缝，软腭上升，堵塞鼻腔，气流从窄缝中挤出而发出的音。擦音有 6 个：f、h、x、sh、r、s。

④ 鼻音：因口腔中构成阻碍的两个部分完全闭塞，软腭下降，打开鼻腔，声带振动，气流从鼻腔中通过而发出的音。鼻音有 2 个：m、n。

⑤ 边音：因舌尖与上齿龈接触，软腭上升，堵塞鼻腔通路，声带振动，气流从舌头两边空隙通过而发出的音。边音只有 1 个：l。

知识链接

按突破阻碍的气流强弱，塞音、塞擦音又可分为送气音和不送气音两类。

① 送气音：因口腔呼出较强的气流而发出的音。送气音有 6 个：p、t、k、q、ch、c。

② 不送气音：因口腔呼出较弱的气流而发出的音。不送气音有 6 个：b、d、g、j、zh、z。

（2）按声带是否振动分类。

按声带是否振动，辅音声母可分为清音和浊音两类。

① 清音：因声门敞开，气流通过时声带不振动而发出的音。清音有 17 个：b、p、f、d、t、g、k、h、j、q、x、zh、ch、sh、z、c、s。

② 浊音：声门闭合，声带随着气流的挤出而振动，进而发出的音。浊音有 4 个：m、n、l、r。

浊音

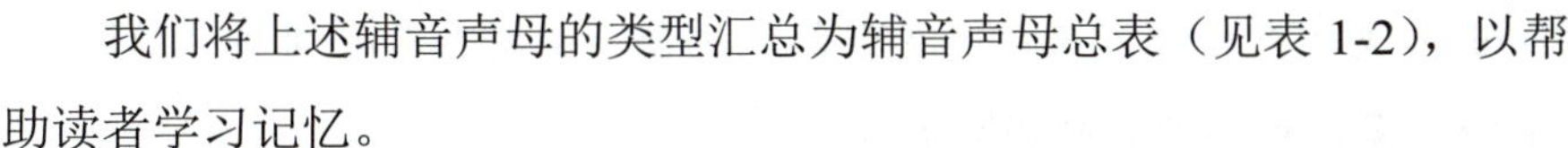

我们将上述辅音声母的类型汇总为辅音声母总表（见表 1-2），以帮助读者学习记忆。

表 1-2　辅音声母总表

按发音部位分类	按发音方法分类							
	塞音		塞擦音		擦音		鼻音	边音
	不送气音	送气音	不送气音	送气音	清音	浊音	浊音	浊音
	清音	清音	清音	清音				
双唇音	b	p					m	
唇齿音					f			
舌尖前音			z	c	s			
舌尖中音	d	t					n	l
舌尖后音			zh	ch	sh	r		
舌面音			j	q	x			
舌根音	g	k			h			

2. 零声母

除了 21 个辅音声母，普通话还有零声母。零声母是以元音（ɑ、o、e、i、u、ü）开头的音节。《汉语拼音方案》对零声母音节的拼写规定，凡是书写 i、u、ü 和以 i、u、ü 开头的音节，都要用 y 或 w，如“移（yí）”“五（wǔ）”“遇（yù）”。

零声母可分为喉音零声母和半元音零声母两类。

1）喉音零声母

ɑ、o、e 和以 ɑ、o、e 开头的音节发音时，第一个音素的前边都有轻微的摩擦。这

种摩擦产生于舌根和软腭之间，由此发出的音是一种鼻化的喉音。由这种喉音构成的声母称为喉音零声母。

2）半元音零声母

i、u、ü 和以 i、u、ü 开头的音节发音时，第一个音素的前边都有轻微的摩擦。这种摩擦介于元音与辅音之间，是一种半元音。由这种半元音构成的声母称为半元音零声母。

小贴士

零声母没有区别意义的作用，发音时虽有轻微的摩擦，但很难从听觉上捕捉到。若没有经过专门的语音训练，则我们往往感觉不到以 a、o、e 开头的音节还有微弱的辅音存在。为了防止出现零声母音节与前一音节韵尾拼合、混淆音节之间界限的语音现象，我们有必要强调零声母起始时的实际读音。

1.2.2 声母发音辨正

1. 声母 f 与 h 的辨正

1）辨正方法

某些方言区（如福建、江西、湖南等）常常出现 f 与 h 不分的问题。例如，把“蝴蝶（húdié）”读成“fúdié”，把“花费（huāfèi）”读成“huāhuì”，这些都是受方言发音的影响。f 和 h 的发音方法是一样的，两者的区别在于成阻部位不同。唇齿音 f 在上齿和下唇内侧构成阻碍，而舌根音 h 的成阻部位在舌根与软腭处。

了解 f 和 h 的不同发音部位，加强对发音部位的训练，是分辨它们的前提。因此，在学习普通话声母发音时，应了解不同的发音部位，以便掌握规范的发音。

知识链接

成阻是指发辅音过程的开始阶段，即发音过程中阻碍作用开始形成，发音器官从静止或其他状态转到发一种辅音时所必须构成阻碍状态的过程。

持阻是指发辅音过程的中间阶段，即发音过程中阻碍作用的持续，发音器官从开始成阻到最后除阻的一种中间过程。

除阻是指发辅音过程的最后阶段，即发音过程中阻碍作用的解除，发音器官从某种阻碍状态转到原来静止或其他状态的一种过程。

2）辨读练习

（1）字的对比辨正。

f ——飞、发、放、缝、付、房、冯。

h——和、换、喝、坏、画、盒、花。

（2）词语的对比辨正。

f ——方法、丰富、发放、非法、发疯。

h——很好、换货、花卉、货号、花火。

（3）交替对比辨正。

f、h——发货、符合、粉红、风寒。

h、f——活佛、回复、恢复、花费。

读一读

贝贝和菲菲

贝贝飞纸飞机，
菲菲要贝贝的纸飞机，
贝贝不给菲菲自己的纸飞机，
贝贝教菲菲自己做能飞的纸飞机。

小王和小黄

小王和小黄，一块画凤凰。
小王画黄凤凰，小黄画红凤凰。
红凤凰黄凤凰，只只画成活凤凰，望着小王和小黄。

2. 声母 n 与 l 的辨正

普通话中的声母 n 和 l 是两个对立的音位，很容易将两者分清楚，但是在很多方言区中却常常将两者混淆。例如，四川、江西、湖南、湖北等地，常常把“难求（nán qiú)”读成“lánqiú”，把“农村（nóngcūn)”读成“lóngcūn”。

小贴士

音位是指一种语言中能区别意义的最简单的语音单位。不同语言都有一套自己的音位系统。

1）辨正方法

n 和 l 的发音部位相同，但发音方法不同。n 是鼻音，发音时气流从鼻腔流出；l 是边音，发音时气流从舌的两边流出。若感觉不到，可把鼻子堵住，发音困难的就是鼻音（气流无法流出），发音不困难的就是边音。

有的人不是不会发 n、l，而是受方言影响不知道哪些音节该发 n，哪些音节该发 l。解决这个问题没有捷径，需要根据音节逐个牢记，可以通过强化不同的发音方法来加以辨正。发 n 时，舌尖向前使劲；发 l 时，舌尖向后使劲，两边留缝隙。多练习象声词（如“哗啦啦”“淅沥沥”“咕隆隆”等），可以强化 l 的着力点。

小贴士

象声词又称摹声词，是模仿自然的声音构成的词。

趣味小案例

有一位来自南方的游客在公园里打听缆车的位置，碰到的热心人都给他指引了一番，可是他每次都无法找到正确的位置。该游客只好憋红着脸一问再问，原来他想找的是男厕。

2）辨读练习

（1）字的对比辨正。

n ——你、那、您、男、年、念。

l ——来、聊、老、里、累、拉。

（2）词语的对比辨正。

n——奶奶、难念、年内、南宁。

l ——理论、力量、琉璃、轮流。

（3）交替对比辨正。

n、l——能力、哪里、努力、年龄。

l、n——理念、老年、辽宁、老牛。

读一读

牛郎恋刘娘

牛郎恋刘娘，刘娘念牛郎。

牛郎年年恋刘娘，刘娘年年念牛郎。

郎恋娘来娘念郎。

念娘恋娘，念郎恋郎，念恋娘郎。

3. 舌尖前音 z、c、s 与舌尖后音 zh、ch、sh 的辨正

平舌音和翘舌音

如前所述，舌尖前音即平舌音，舌尖后音即翘舌音。所谓平翘不分就是将平舌音和翘舌音混淆了，如将“推迟（tuīchí）”读成“tuīcí”，把“桑树（sāngshù）”读成“shāngshù”等。

1）辨正方法

发翘舌音时，舌尖抵住或接近硬腭前端；发平舌音时，舌尖轻触或接近上齿背。要想说对平舌音，舌头碰牙齿，要想说对翘舌音，舌头别伸直。

有些方言中舌的动作没有舌尖前音和舌尖后音的区别。练习时首先要能够听出平舌音、翘舌音的差别，耳力的提高会带来口头的变化。

2）辨读练习

（1）字的对比辨正。

z、zh：在—债、字—至、走—肘、总—种、早—找、组—煮。

c、ch：才—柴、次—赤、从—虫、错—龊、擦—插、催—吹。

s、sh：四—是、撒—傻、算—涮、岁—睡、色—社、搜—收。

（2）词语的对比辨正。

z、zh：自在—中专、最早—政治、自尊—转正、祖宗—正装、总则—郑重。

c、ch：此次—唇齿、层次—长城、猜测—拆除、催促—长处、摧残—超出。

s、sh：松散—双手、思索—时事、诉讼—收拾、送死—手术、琐碎—绅士。

（3）交替对比辨正。

z、zh——组织、自主、组长、尊重、增长。

zh、z——爪子、职责、正在、制作、桌子。

c、ch——操场、擦出、擦车、侧踹、蚕虫。

ch、c——尺寸、唇彩、炒菜、除此、吃醋。

s、sh——三山、四水、四声、死水、宿舍。

sh、s——伸缩、上诉、生死、上司、疏松。

任务实施——声母辨读比赛

1. 任务描述

全班学生分组，进行声母辨读比赛。

2. 任务目标

（1）掌握声母的发音辨正方法。

（2）能够分析自己发音存在的问题，力求使自己的发音准确、规范。

3. 实施步骤

（1）分组。首先从全班学生中选出 1 名主持人和 3 名计分员，分别负责主持和计分工作；然后将余下学生分成若干组（每组 4～6 人），每组选出 1 名组长。

（2）准备比赛。教师组织所有小组进行比赛，比赛顺序由各小组现场抽签决定。

（3）第 1 轮比赛——易错词辨正：给出 3 组声母易错词（参考如下），随机指定各组内 3 名组员朗读。要求每人在 30 秒内读完 1 组易错词。

狭隘　蓓蕾　搀扶　嗤笑　淳朴　提防
惊愕　粗犷　脸颊　魁梧　愚昧　嫩绿
执拗　休憩　折本　枉然　拙笨　琢磨
水牛　水流　头脑　老头　新年　笑脸
你们　梨子　娘娘　辛劳　哪里　拉力
南部　蓝布　连夜　年夜　凉爽　安宁
杂志　串门　甩手　长久　师长　地图
书桌　陈旧　闪光　至少　四周　忠厚
牛奶　断壁残垣　不屈不挠　追根溯源

（4）第 2 轮比赛——绕口令速读：教师给出 3 组难易程度不同的绕口令，学生根据小组内讨论结果，自行选择。每组选出 4 名组员，要求他们依次准确读出随机给出的 1 组绕口令（参考如下）。若 4 名组员在规定的时间内（如 1 分钟）全部准确读出，则成功，但如果中间有 1 个人出错，就要从第 1 个人重新开始读。

谭老汉买蛋和炭

谭家谭老汉，挑担到蛋摊，买了半担蛋，挑担到炭摊，买了半担炭，满担是蛋炭。

老汉忙回赶，回家炒蛋饭。进门跨门槛，脚下绊一绊，跌了谭老汉，破了半担蛋，翻了半担炭，脏了木门槛。老汉看一看，急得满头汗，连说怎么办，蛋炭完了蛋，老汉怎吃蛋炒饭。

（5）比赛评比。计分员根据两轮比赛情况，计算出各组分数，并填写在表 1-3 中。比赛设一等奖 1 名，二等奖 2 名，还可由全体学生投票选出“最佳团队奖”和“最佳个人奖”。教师可根据情况适当设置奖品。

表 1-3　评分标准

评价项目	评分标准	得　分
易错词辨正（50 分）	内容每错 1 处扣 1 分（40 分）	
	在规定时间内完成，每超出 5 秒扣 1 分，扣完 5 分为止（5 分）	
	团队配合程度（5 分）	
绕口令速读（50 分）	设置 3 个不同难度等级的绕口令，难 10 分，中 7 分，易 4 分（10 分）	
	内容每错 1 处扣 1 分（30 分）	
	在规定时间内完成，每超出 5 秒扣 1 分，扣完 5 分为止（5 分）	
	团队配合程度（5 分）	
合　计		

任务 1.3　韵母发音训练

任务引入

在生活中，我们都喜欢听圆润饱满、悦耳动听的声音，而不喜欢听干瘪无力、含糊不清的声音。前者会使人听得津津有味，而后者会使人感到寡淡无味。这两种声音差异较大的原因在于韵母发音的不同。因此，要想发音既响又圆，学好韵母发音是关键。

请思考：

（1）什么是韵母？韵母有哪些类型？

（2）如何准确地进行韵母的发音？

相关知识

普通话共有39个韵母，都有元音，其中23个由元音构成，16个由元音和鼻辅音构成。韵母在结构上可分为韵头、韵腹和韵尾3部分。

（1）韵头又称介音，在韵腹前，表示韵母的起点，由3个元音i、u、ü充当，其发音既轻又短。

（2）韵腹又称主要元音，由7个舌面元音a、o、e、ê、i、u、ü，2个舌尖元音-i（前）和-i（后），以及1个卷舌元音er充当，其开口度最大、发音最响亮。

（3）韵尾又称尾音，在韵腹后，由2个元音i、u和2个鼻辅音n、ng充当。

例如，“liang”的韵头是i，韵腹是a，韵尾是ng。

小贴士

一个韵母可以没有韵头和韵尾，但不能没有韵腹。

1.3.1 韵母的分类

韵母可以按音节结构和唇形特点进行分类，具体如下。

1. 按音节结构分类

单韵母

按音节结构的不同，韵母可分为单韵母、复韵母和鼻韵母3类。

（1）单韵母：由1个元音构成的韵母，共10个，包括7个舌面元音a、o、e、ê、i、u、ü，2个舌尖元音-i（前）和-i（后），以及1个卷舌元音er。

（2）复韵母：由2个或3个元音构成的韵母，又称复元音韵母，共13个，可分为前响复韵母、后响复韵母和中响复韵母。响度大、元音在前的，称为前响复韵母，共4个，包括ai、ao、ei、ou；响度大、元音在后的，称为后响复韵母，共5个，包括ia、ie、ua、uo、üe；响度大、元音在中间的，称为中响复韵母，共4个，包括iao、iou、uai、uei。

复韵母

（3）鼻韵母：以元音和鼻辅音为韵尾的韵母，共16个，可分为前鼻音韵母和后鼻音韵母。元音与前鼻音韵尾n构成的韵母称为前鼻音韵母，共8个，包括an、en、in、ian、uan、uen、üan、ün；元音与后鼻音韵尾ng构成的韵母称为后鼻音韵母，共8个，包括ang、eng、iang、ing、uang、ueng、ong、iong。

2. 按唇形特点分类

按开头元音发音的唇形特点，韵母可分为开口呼韵母、齐齿呼韵母、合口呼韵母和撮（cuō）口呼韵母 4 类，简称四呼。

（1）开口呼韵母：不是 i、u、ü 或不以 i、u、ü 开头的韵母，共 15 个，包括-i（前）、-i（后）、a、o、e、ê、er、ai、ei、ao、ou、an、en、ang、eng。

（2）齐齿呼韵母：i 或以 i 开头的韵母，共 9 个，包括 i、ia、ie、iao、iou、ian、in、iang、ing。

（3）合口呼韵母：u 或以 u 开头的韵母，共 10 个，包括 u、ua、uo、uai、uei、uan、uen、uang、ueng、ong。

（4）撮口呼韵母：ü 或以 ü 开头的韵母，共 5 个，包括 ü、üe、üan、ün、iong。

1.3.2　韵母的发音

下面，按照单韵母、复韵母和鼻韵母来介绍各类韵母的发音。

1. 单韵母发音

单韵母主要依靠舌位和唇形的调节来发音。

1）舌面元音

（1）a 的发音。

口大开，舌尖微离下齿背，舌面中部微微隆起，与硬腭后部相对。发 a 音时，声带振动，软腭上升，鼻腔通路关闭。

啊　打　萨　擦　那　沙　他

阿婆　妈妈　大哥　撒旦　发放

（2）o 的发音。

上下唇自然拢圆，舌体后缩隆起，与软腭相对，舌位介于半高半低之间。发 o 音时，声带振动，软腭上升，鼻腔通路关闭。

哦　佛　我　坡　磨　波

播种　脖子　佛教　坡度　波浪

（3）e 的发音。

口半闭，展唇，舌体后缩，舌面后部隆起，与软腭相对，比元音 o 略高而偏前。发 e 音时，声带振动，软腭上升，鼻腔通路关闭。

饿　特　涩　乐　泽　奢　折

婀娜　特别　苦涩　乐土　奢侈

（4）ê的发音。

口自然打开，展唇，舌尖抵住下齿背，使舌面前部隆起和硬腭相对。发ê音时，声带振动，软腭上升，鼻腔通路关闭。ê除语气词“欸”外，不能独立成音节，只能和元音 i、ü 构成复元音韵母 ie、üe。

欸

知识链接

e 和ê这两个韵母的主要区别是前者发音较高，后者发音较低。

e：舌面后半高不圆唇元音。发音时，舌位半高，舌头后缩，嘴角向两边微展，也可先发音并拖长，再微微展开嘴角。

ê：舌面前半低不圆唇元音。发音时，口半开，上下齿的距离约拇指宽，舌尖抵下齿背，唇形不圆。

（5）i 的发音。

口微开，两唇呈扁平形，上下齿相对（齐齿），舌尖接触下齿背，使舌面前部隆起，和硬腭前部相对。发 i 音时，声带振动，软腭上升，鼻腔通路关闭。

一　比　字　气　里　你　及　习

衣服　比赛　滋长　及格　习惯

（6）u 的发音。

两唇收拢成圆形，略向前突，舌头后缩，舌面后部隆起和软腭相对。发 u 音时，声带振动，软腭上升，鼻腔通路关闭。

五　铺　不　木　路　怒　租　苏　束

五百　床铺　木梳　路桥　发怒　租金　诉讼　束缚

（7）ü 的发音。

两唇拢圆，略向前突，舌尖抵住下齿背，使舌面前部隆起和硬腭前部相对。发 ü 音时，声带振动，软腭上升，鼻腔通路关闭。

与　女　律　句　去　语　序

女皇　纪律　语句　去留　顺序　屈服

2）舌尖元音

（1）-i（前）的发音。

口略开，展唇，舌尖和上齿背相对，保持适当距离。发-i（前）音时，声带振动，软

腭上升，鼻腔通路关闭。这个韵母在普通话里只出现在 z、c、s 声母的后面。

字　四　次　思

自导　思索　次数　日子

（2）-i（后）的发音。

口略开，展唇，舌前端抬起和前硬腭相对。发-i（后）音时，声带振动，软腭上升，鼻腔通路关闭。这个韵母在普通话里只出现在 zh、ch、sh、r 声母的后面。

指　迟　事　日

知道　迟到　实施　知识

3）卷舌元音

卷舌元音即为 er。口自然开启，舌位不前不后、不高不低，舌前、中部上抬，舌尖向后卷，和硬腭前端相对。发 er 音时，声带振动，软腭上升，鼻腔通路关闭。

二　尔　饵

儿子　二货　耳朵　耳垂　耳旁

诗词之美

咏鹅

［唐］骆宾王

鹅，鹅，鹅，曲项向天歌。
白毛浮绿水，红掌拨清波。

泊秦淮

［唐］杜牧

烟笼寒水月笼沙，夜泊秦淮近酒家。
商女不知亡国恨，隔江犹唱后庭花。

山行

［唐］杜牧

远上寒山石径斜，白云深处有人家。
停车坐爱枫林晚，霜叶红于二月花。

2. 复韵母发音

复韵母发音主要有以下两个特点。

一是在从前一个元音滑向后一个元音的发音过程中，气流不中断，口腔、舌位、唇形发生一系列连续变化，发音浑然一体。例如，发 ai 音时，从 a 到 i，舌位逐渐升高、前移，嘴唇渐展，从 a 到 i 中间有许多过渡音。

二是各元音的发音响度不同。主要元音的发音口腔开口度最大，声音最响亮，持续时间最长，其他元音发音轻短或含混模糊。

1）前响复韵母

前响复韵母发音的共同点是前响后轻。发音时，元音舌位都是从低向高滑动，开头的元音发音清晰响亮、时间较长，后面的元音轻短模糊，音值不太固定，只表示舌位滑动的方向。

（1）ai 的发音。

舌头前伸，舌尖接触下齿背，口腔大开。发 ai 音时，从起点的元音 a 开始，口腔渐闭，舌位向 i 的方向滑动升高。

爱戴　采摘　海带　开采　拍卖　灾害

（2）ao 的发音。

舌尖后缩，舌尖离开下齿背，口腔打开。发 ao 音时，从元音 a 开始，舌位向 o 滑动升高，唇形渐圆。

懊恼　操劳　高潮　骚扰　逃跑　早操

（3）ei 的发音。

舌头前伸，舌尖接触下齿背，口腔半闭。发 ei 音时，从元音 e 开始，舌位向 i 的方向滑动升高。

肥美　妹妹　配备　蓓蕾

（4）ou 的发音。

舌头后缩，舌尖离开下齿背，口腔半闭。发 ou 音时，起点音比单元音 o 略低略前，然后舌位向 u 的方向滑动升高，唇形始终为圆形，只是口腔渐闭。

丑陋　兜售　口头　漏斗　收购　喉头

2）后响复韵母

后响复韵母发音的特点是前轻后响。发音时，舌位从高向低滑动，收尾的元音响亮清晰，在韵母中处在韵腹的位置，因此舌位移动的终点是确定的。而开头的元音都是高元音 i、u、ü，由于它们处于韵母的韵头位置，发音轻短，只表示舌位滑动的方向。

（1）ia 的发音。

发 ia 音时，从元音 i 开始，舌位向下向后滑动，口腔渐开，到元音 a 止。i 的发音较短，a 的发音响亮而且时间较长。

假牙　恰恰　压价　下家　下达

（2）ie 的发音。

发 ie 音时，从元音 i 开始，舌位向下滑动至前半低元音ê，舌尖自始至终不离下齿背。

结业　贴切　铁屑　姐姐　歇业　趔趄

（3）ua 的发音。

发 ua 音时，从元音 u 开始，舌位滑向元音 a 止，唇形由圆渐展。

挖　夸　跨　话　花　抓　刷

挖掘　夸奖　跨过　花费　抓捕　挂花　耍滑　娃娃　花袜　垮台

（4）uo 的发音。

发 uo 音时，从元音 u 开始，舌位向下滑到元音 o 止，舌头始终后缩，唇形始终为圆形，只是口腔开度渐大。

错落　硕果　脱落　哆嗦　活捉

（5）üe 的发音。

发 üe 音时，从元音 ü 开始，舌位向下滑到元音ê，舌尖始终与下齿背接触，唇形随着口腔的渐开由圆到展。

雀跃　约略　雪月　血液

3）中响复韵母

中响复韵母发音的特点是舌位从高向低滑动，再从低向高滑动。开头的元音发音不响亮、较短促，只表示舌位滑动的开始，在音节里，特别是在零声母音节里常伴有轻微的摩擦。中间的元音清晰响亮，收尾的元音轻短模糊，音值不太固定，只表示舌位滑动的方向。

（1）iao 的发音。

发 iao 音时，从元音 i 开始，舌位向下向后滑动到元音 a，接着再向元音 o 滑动升高。舌位先降再升，由前至后，唇形在由 a 升向 o 的过程中逐渐拢圆。

吊销　疗效　巧妙　调料　逍遥　苗条

（2）iou 的发音。

发 iou 音时，从元音 i 开始，舌位向后向下滑动到 o 的位置，唇形从不圆到圆，接着舌位向 u 的方向滑动升高。舌位先降再升，由前至后，唇形到 o 时就已拢圆。

久留　求救　绣球　优秀　悠久　牛油

（3）uai 的发音。

发 uai 音时，从元音 u 开始，舌位向前向下滑动到 a，唇形由圆渐展，舌尖接触下齿背，接着舌位向 i 的方向滑动升高，口腔渐闭。舌位由高降低再升高，由后向前，唇形由起点音的圆形至折点音 a 渐展。

外快　怀揣　乖乖　摔坏　歪拽

（4）uei 的发音。

发 uei 音时，从元音 u 开始，舌位向前向下滑动到元音 e，唇形由圆渐展，舌尖接触下齿背，接着舌位向 i 的方向滑动升高。舌位先降后升，由后至前，唇形从起点音的圆唇至折点音 e 渐展。

垂危　归队　悔罪　追悔　荟萃　推诿

小贴士

iou、uei 在与声母拼合时，韵腹 o、e 省写。

3. 鼻韵母发音

鼻韵母发音主要有以下两个特点。

一是元音和后面的鼻辅音不是生硬地结合在一起的，而是有机的统一体。发音时，鼻韵母逐渐从元音的发音状态向鼻辅音过渡，逐渐增加鼻音色彩，最后形成鼻辅音。

二是在除阻阶段，作韵尾的鼻辅音不发音。鼻韵母的发音不是以鼻辅音为主，而是以元音为主，元音清晰响亮，鼻辅音重在做出发音状态，发音不太明显。

1）前鼻音韵母的发音

（1）an 的发音。

舌尖先抵住下齿背，舌位降到最低，软腭上升，鼻腔通路堵塞。发 an 音时，以元音 a 为起点音，舌位逐渐升高，舌面前部贴向硬腭前部。当两者将要接触时，软腭下降，鼻腔通路打开。紧接着舌尖接触上齿龈，舌面前部与硬腭前部闭合，使在口腔受阻的气流改从鼻腔通过。

参战　反感　烂漫　谈判　坦然　赞叹

（2）en 的发音。

舌尖先抵住下齿背，舌位居中，软腭上升，鼻腔通路关闭。发 en 音时，以元音 e 为起点音，舌面逐渐升高，舌面前部贴向硬腭前部。当两者将要接触时，软腭下降，鼻腔通路打开。紧接着舌尖接触上齿龈，舌面前部与硬腭前部闭合，使在口腔受阻的气流改从鼻腔通过。

根本　门诊　人参　认真　深沉　振奋

（3）in 的发音。

舌尖先抵住下齿背，软腭上升，鼻腔通路堵塞。发 in 音时，以元音 i 为起点音，舌位继续升高，当舌面前部与硬腭前部将要接触时，软腭下降，打开鼻腔通路。紧接着舌尖靠在上齿龈上，舌面前部与硬腭前部闭合，使在口腔受阻的气流改从鼻腔通过。

近邻　拼音　信心　辛勤　引进　濒临

（4）ian 的发音。

发 ian 音时，从元音 i 开始，舌位向下滑动，口腔渐开。当舌位降到元音 a 的位置时，又开始滑动上升，直到舌面前部贴向硬腭前部，舌尖抵在上齿龈上，形成鼻音 n。

艰险　简便　连篇　前天　浅显　田间

（5）uan 的发音。

发 uan 音时，以元音 u 为起点音，舌位向前向下滑动，唇形渐展。当舌位降到元音 a 的位置时，又开始滑动上升，直到舌面前部贴向硬腭前部，舌尖抵在上齿龈上，形成鼻音 n。

贯穿　酸软　婉转　专款　转换　源泉

（6）uen 的发音。

发 uen 音时，以元音 u 为起点音，舌位向元音 e 滑动，唇形渐展。发出清晰响亮的 e 后，舌位又开始滑动上升，形成鼻音 n。

昆仑　温存　温顺　论文　馄饨　谆谆

小贴士

uen 在与声母组合时，韵腹 e 省写。

（7）üan 的发音。

发 üan 音时，以元音 ü 为起点音，舌位向下滑动，口腔渐开，唇形渐展。当舌位降到元音 a 的位置时，又开始滑升，直到舌面前部贴向硬腭前部，舌尖抵在上齿龈上，形成鼻音 n。

源泉　轩辕　涓涓　圆圈　渊源

（8）ün 的发音。

舌尖先抵住下齿背，软腭上升，鼻腔通路堵塞。发 ün 音时，以元音 ü 为起点音，舌面继续升高，唇形渐展。当舌面前部与硬腭前部将要接触时，软腭下降，鼻腔通路打开。接着舌面前部与硬腭前部完全闭合，舌尖抵在上齿龈上，使在口腔受阻的气流从鼻腔通过。

军训　均匀　芸芸　群众　循环　允许

2）后鼻音韵母的发音

（1）ang 的发音。

发 ang 音时，以元音 a 为起点音，舌头后缩，舌根抬起。当舌根接近软腭时，软腭下降，打开鼻腔通路，此时舌根已与软腭接触，阻塞了气流在口腔中的通路，气流改从鼻腔通过。

帮忙　苍茫　当场　刚刚　商场　上当

（2）eng 的发音。

发 eng 音时，以元音 e 为起点音，舌头后缩，舌根抬起并靠向软腭。当两者将要接触时，软腭下降，鼻腔通路打开。此时，口腔中的气流通路已被舌根和软腭阻塞，气流改从鼻腔通过。

承蒙　丰盛　更正　萌生　声称　升腾

（3）iang 的发音。

发 iang 音时，以元音 i 为起点音，紧接着舌位向下向后滑动，滑动到元音 a 时，舌位再向上滑升。当舌根将要接触软腭时，软腭下降，鼻腔通路打开。此时，口腔中的气流通路已被舌根与软腭阻塞，气流改从鼻腔通过。

两样　洋相　响亮　踉跄　相像　强项

（4）ing 的发音。

发 ing 音时，以元音 i 为起点音，舌尖逐渐离开下齿背，舌根靠向软腭。当二者快接触时，软腭下降，鼻腔通路打开。此时，口腔中的气流通路已被舌根与软腭阻塞，气流改从鼻腔通过。

叮咛　经营　命令　评定　清静　姓名

（5）uang 的发音。

发 uang 音时，以元音 u 为起点音，紧接着舌位向下滑动，唇形渐展。舌位降至元音 a，然后再向上滑升。当舌根将要与软腭接触时，软腭下降，鼻腔通路打开。此时，口腔中的气流通路已被舌根与软腭阻塞，气流改从鼻腔通过。

狂妄　双簧　状况　窗框　惶惶

（6）ueng 的发音。

发 ueng 音时，以元音 u 为起点音，舌位向下滑动，唇形渐展。当舌位滑降至元音 e 略前略低位置时，接着再向上滑升，舌根靠向软腭。当二者快要接触时，软腭下降，鼻腔通路打开。此时，口腔中的气流通路已被舌根与软腭阻塞，气流改从鼻腔通过。

蕹（wèng）菜　水瓮　主人翁　蓊（wěng）郁　嗡嗡　老翁

（7）ong 的发音。

ong 的发音

发 ong 音时，以元音 u 为起点音，舌头后缩，舌根靠向软腭。当二者快要接触时，软腭下降，鼻腔通路打开。此时，口腔中的气流通路已被舌根与软腭阻塞，气流改从鼻腔通过。

共同　轰动　空洞　隆重　通融　恐龙

（8）iong 的发音。

发 iong 音时，以元音 i 为起点音，紧接着舌头后缩，舌根升高并靠向软腭。当二者快要接触时，软腭下降，鼻腔通路打开。此时，口腔中的气流通路已被舌根与软腭阻塞，气流改从鼻腔通过。

炯炯　汹涌　穷困　熊熊　窘境

诗词之美

元日

［宋］王安石

爆竹声中一岁除，春风送暖入屠苏。
千门万户曈曈日，总把新桃换旧符。

悯农

［唐］李绅

锄禾日当午，汗滴禾下土。
谁知盘中餐，粒粒皆辛苦？

登鹳雀楼

［唐］王之涣

白日依山尽，黄河入海流。
欲穷千里目，更上一层楼。

沁园春·长沙

毛泽东

独立寒秋，湘江北去，橘子洲头。看万山红遍，层林尽染；漫江碧透，百舸争流。
鹰击长空，鱼翔浅底，万类霜天竞自由。怅寥廓，问苍茫大地，谁主沉浮？
携来百侣曾游，忆往昔峥嵘岁月稠。恰同学少年，风华正茂；

书生意气，挥斥方遒。指点江山，激扬文字，粪土当年万户侯。
曾记否，到中流击水，浪遏飞舟？

早发白帝城

［唐］李白

朝辞白帝彩云间，千里江陵一日还。
两岸猿声啼不住，轻舟已过万重山。

1.3.3 韵母发音辨正

1. 前、后鼻音韵母的辨正

普通话中的前、后鼻音韵母基本上是一对一的关系，如 in 和 ing，en 和 eng。在很多地区的方言中往往存在前、后鼻音韵母被混用的现象，如将“信心（xìnxīn）”读成“xìngxīng”，将“清明（Qīngmíng）”读成“qīnmín”等。

1）辨正方法

要分清这两类鼻音韵母，主要应区分韵尾的发音部位：发前鼻音韵母时，舌尖抵住上齿龈，口形较闭；发后鼻音韵母时，舌后部隆起，舌根尽力后缩，抵住软腭，口形较开。

2）辨读练习

（1）an 与 ang 的辨正。

① 字的对比辨正。

an ——按、班、蓝、三、饭、山。

ang——昂、上、放、浪、囊、脏。

② 词语的对比辨正。

an ——邯郸、南山、阑珊、班禅。

ang——上当、帮忙、烫伤、沧桑。

③ 交替对比辨正。

an、ang——班长、盼望、南方、肝脏。

ang、an——抗寒、长安、伤感、上山。

（2）en 和 eng 的辨正。

① 字的对比辨正。

en ——恩、分、森、人、怎、审。

eng——仍、缝、僧、曾、生、等。

② 词语的对比辨正。

en ——本分、沉闷、粉尘、人身。

eng ——丰盛、省城、增生、蒸腾。

③ 交替对比辨正。

en、eng ——奔腾、真正、神圣、人生。

eng、en ——登门、生根、诚恳、更深。

（3）in 和 ing 的辨正。

① 字的对比辨正。

in ——音、新、进、林、您、亲。

ing ——应、行、经、另、宁、请。

② 词语的对比辨正。

in ——金银、频频、临近、亲民。

ing ——经营、精英、叮咛、病情。

③ 交替对比辨正。

in、ing ——民兵、拼命、品评、近景。

ing、in ——经筋、平民、清新、行进。

（4）ian 和 iang 的辨正。

① 字的对比辨正。

ian ——现、变、尖、先、年、练。

iang ——亮、强、酿、想、凉、将。

② 词语的对比辨正。

ian ——脸面、连绵、千面、前面。

iang ——奖项、将相、湘江、想象。

③ 交替对比辨正。

ian、iang ——边疆、钱箱、棉量、鲜姜。

iang、ian ——镶嵌、亮点、相片、抢险。

（5）uan 和 uang 的辨正。

① 字的对比辨正。

uan ——穿、算、乱、暖、窜。

uang ——床、双、光、创、晃。

② 词语的对比辨正。

uan ——还款、传唤、短管、专断。

uang——黄庄、装窗、双簧、状况。

③ 交替对比辨正。

uan、uang——钻床、软床、宽广、观光。

uang、uan——狂欢、慌乱、光环、黄砖。

（6）ün 和 iong 的辨正。

① 字的对比辨正。

ün ——晕、裙、训、韵、俊、勋。

iong——穷、窘、胸、凶、熊、兄。

② 词语的对比辨正。

ün ——云讯、熏晕、菌群、军训。

iong——穷凶、炯炯、窘穷、熊熊。

③ 交替对比辨正。

ün、iong——云兄、寻凶、群雄、俊雄。

iong、ün——熊群、凶云、雄峻、雄军。

（7）üan 和 ong 的辨正。

① 字的对比辨正。

üan——员、元、院、苑、怨、袁。

ong——雍、永、用、拥、勇、龙。

② 词语的对比辨正。

üan——原因、捐款、选择、原谅。

ong——笼统、共同、浓重、隆冬。

③ 交替对比辨正。

üan、ong——援用、远攻、员工、隽永。

ong、üan——永远、龙园、公园、贡院。

读一读

盆和棚

天上一个盆，地下一个棚，

盆碰棚，棚碰盆，棚倒了，盆碎了，

是棚赔盆，还是盆赔棚？

2. 齐齿呼韵母与撮口呼韵母的辨正

齐齿呼韵母与撮口呼韵母不分，主要表现为 i 和 ü 不分，ie 和 üe 不分，如把“金鱼（jīnyú）”读成“jīnyí”，把“有趣（yǒuqù）”读成“yǒuqì”，把“茄子（qiézi）”读成“quézi”等。

小贴士

u 和 ü 的拼音法则为：j、q、x、y 真稀奇，从不与 u 在一起，j、q、x、y 真淘气，见到 ü 眼，鱼眼就抹去。

1）辨正方法

发准 i 和 ü，ie 和 üe 的关键在于把握好唇形。发 i、ie 音时，唇形一定要展开、拉平，嘴角向两侧拉开的幅度较大；发 ü、üe 音时，上唇要用力，同时两嘴角也要用力，唇形为圆形。

2）辨读练习

（1）i 和 ü 的辨正。

① 字的对比辨正。

i ——奇、一、比、此、地、李、秘。

ü——雨、曲、剧、于、驴、婿、居。

② 词语的对比辨正。

i ——积极、嬉戏、习习、薏米、稀奇。

ü——区域、趋于、女婿、序曲、曲剧。

③ 交替对比辨正。

ü、i——玉米、盱眙（xūyí）、蓄意、曲子。

i、ü——意趣、期许、戏曲、积虑。

读一读

缝军衣

夜里天冷北风急，班长下岗月儿西。
手拿针线灯下坐，为我熬夜缝军衣。
线儿缝在军衣上，情意缝在我心里。

（2）ie 和 üe 的辨正。

① 字的对比辨正。

ie ——切、谢、列、聂、截、姐、写。

üe ——确、月、掠、虐、撅（juē）、倔、雪。

② 词语的对比辨正。

ie ——谢谢、歇歇、写写、揭帖。

üe ——绝学、约略、月缺、雀跃。

③ 交替对比辨正。

ie、üe ——解决、节约、借阅、谢绝。

üe、ie ——学界、决裂、绝灭、确切。

3. 开口呼韵母与合口呼韵母的辨正

合口呼韵母与开口呼韵母的混淆主要体现在 e 和 uo 不分，u 和 ou 不分。在某些方言区，当韵母 e 与声母 g、k、h 相拼时，把开口呼韵母 e，读成了合口呼韵母 uo，如把“哥哥（gēge）”读成“guōguo”。有些地方将一部分普通话中合口呼韵母 u，读成了开口呼韵母 ou，如把“图（tú）”读成“tóu”，把“度（dù）”读成“dòu”等。对此，可以通过记住拼合规律进行辨正。

1）辨正方法

发 e 音时，嘴角展开，舌尖稍离下齿背，舌面平，舌高点偏后。发音时，舌根不要动，舌高点尽量向前一些，要保持微笑状态。uo 的起点元音是元音 u，由它开始，舌位滑向元音 o 止。u 较短，o 响而长。发音过程中，保持圆唇，开头最圆，结尾时圆唇度缩减。

发 u 音时，要注意后音前发，即舌位适度前移，口腔开度较小。发 ou 音时，唇形为椭圆，从舌位靠后的元音 o 开始，舌位向 u 的方向滑动升高，运动的路程较小。

2）辨读练习

（1）e 和 uo 的辨正。

① 字的对比辨正。

e ——哥、特、乐、可、这、社。

uo ——做、拖、过、罗、扩、所。

② 词语的对比辨正。

e ——合格、苛刻、特色、色泽、割舍。

uo ——硕果、过错、蹉跎、火锅、坐落。

③ 交替对比辨正。

e、uo——舌锁、各所、勒索、社所。

uo、e——过客、裸色、扩热、所设。

（2）u 与 ou 的辨正。

① 字的对比辨正。

u ——不、铺、副、度、图、路、书。

ou——都、否、口、楼、某、有、愁。

② 词语的对比辨正。

u ——朴素、祝福、出租、五谷、读书。

ou——收购、透漏、欧洲、丑陋、后头。

③ 交替对比辨正。

u、ou——补漏、肚兜、路口、徒有。

ou、u——构图、陡度、候补、愁苦。

读一读

大锅和小锅

大哥有大锅，二哥有小锅，
大哥要换二哥的小锅，
二哥不换大哥的大锅。

黄狗咬我手

清早上街走，走到周家大门口，
门里跳出一只大黄狗，朝我哇啦哇啦吼。
我拾起石头打黄狗，黄狗跳上来就咬我的手。
也不知我手里的石头打没打着周家的大黄狗，
周家的大黄狗咬没咬着我的手。

探渊索珠

方言与普通话发音的差异

我国现代汉语共有 7 种方言，包括北方方言、吴方言、湘方言、赣方言、客家方言、粤方言和闽方言。

1. 北方方言

北方方言主要分布在东北、华北、西北、西南、江淮一带。由于普通话以北方话为基础方言，因此北方方言区的人学说普通话要容易一些。但是即便如此，在发音方面也存在一些需要注意的事项。下面，我们以东北人说普通话为例，介绍他们在发音时应注意的事项。

（1）注意区分平翘舌音。东北人常常将平舌音和翘舌音混用，如把“市长（shìzhǎng）”读成“sìzhǎng”，把“主力（zhǔlì）”读成“zǔlì”。

（2）注意声母 r。声母 r 在东北话中多被 n、l 和 y 替代，如把“儒（rú）”读成“lú”，把“人（rén）”读成“yín”，把“肉（ròu）”读成“yòu”。

（3）注意韵母 e 替代 o 的现象。东北话里没有 bo、po、mo、fo 音节，有的是 be、pe、me、fe 音节，如把“胳膊（bo）”读成“胳膊（be）”，把“衣服破（pò）了”读成“衣服破（pè）了”，把“抚摸（mō）”读成“抚摸（mē）”，把“乐山大佛（fó）”读成“乐山大佛（fé）”。

2. 吴方言

吴方言又称江东话、江南话、吴越语，分布于浙江、江苏、上海、安徽、江西和福建。人们通常认为苏州话是吴方言的代表。我们以上海人说普通话为例，介绍他们在发音时应注意的事项，具体如下。

（1）注意平舌音和翘舌音的区别。上海话里没有 zh、ch、sh，上海人说普通话时，碰到这些字就将其发成类似 z、c、s 的音，如把“吃饭（chī fàn）”读成“cī fàn”。

（2）注意分清前、后鼻韵母。上海话里没有前、后鼻韵母之分，上海人基本都将其读成了前鼻韵母，如把“精、零、英（jīng、líng、yīng）”都读成“jīn、lín、yīn”。

（3）上海话缺少 ai、ei、ao、ou 等韵母，这些韵母在上海话里常发成类似 u、o 的音，如把“好多（hǎo duō）”读成“hǔ duō”。

（4）注意轻声和儿化。上海人在说普通话时，常常处理不好轻声，如“舌头（shétou）”没有轻声，上海人将其读成了“shétóu”，这容易被人误解为“蛇头”。上海人一般不发儿化音。一方面，上海话本来就极少有儿化词；另一方面，卷舌 r 这个音对大多数方言区的人来说都比较难发出。

3. 湘方言

湘方言又称湘语，俗称湖南话，主要分布在湖南省部分地区、重庆市和广西部分地区，以长沙话为代表。其发音特点主要包括以下几点。

（1）f 和 h 不分，ch 和 q 不分，sh 和 x 不分，n 和 l 不分，往往将“灰（huī）”读成“fēi”，将“吃（chī）”读成“qī”，将“妮（nī）”读成“lī”。

（2）没有翘舌音。

（3）鼻音韵尾一般多“-n”，少“-ng”。

4. 赣方言

赣方言又称江西话，主要分布在江西、湖南东部、湖北东南部、安徽西南部和福建西部等地区。其发音特点主要包括以下几点。

（1）清音多，浊音少。

（2）平舌音和翘舌音不分。

（3）f 和 h，n 和 l 混淆。

（4）将后鼻音韵母基本都说成前鼻音韵母。

5. 客家方言

客家方言主要集中在广东东部和北部、广西南部、福建西部、江西南部、台湾、四川和湖南部分地区。印度尼西亚、马来西亚、新加坡、泰国、越南、菲律宾以及美洲的华侨、华裔中也有使用者。其发音特点是分不清 zh、ch、sh 和 z、c、s，f 和 h，n 和 l，i 和 ü。

6. 粤方言

粤方言又称粤语，俗称广东话、广府话、白话，分布在广东、广西境内，以广州话为代表。其发音特点是分不清 zh、ch、sh 和 j、q、x，如将“知道（zhīdao）”读成“jīdào”，将“少数（shǎoshù）”读成“xiǎoshù”。

7. 闽方言

闽方言又称闽语，俗称福佬话，主要分布在福建、广东、台湾三省，浙江省南部，以及江西、广西、江苏三省的个别地区。其发音特点主要包括以下几点。

（1）将“f”读成“h”或“p”。

（2）常常将“zh”“ch”读成“d”“t”。

（3）很多没有撮口呼韵母，即没有 ü、üe、üan、ün、iong 韵母。

任务实施——韵母辨读比赛

1. 任务描述

全班学生分组，进行韵母辨读比赛。

2. 任务目标

（1）掌握韵母的发音辨正方法。

（2）能够分析自己发音存在的问题，力求使自己的发音准确、规范。

3. 实施步骤

（1）分组。首先从全班学生中选出 1 名主持人和 3 名计分员，分别负责主持和计分工作；然后将余下学生分成若干组（每组 4～6 人），每组选出 1 名组长。

（2）准备比赛。教师组织所有小组进行比赛，比赛顺序由各小组现场抽签决定。

（3）第 1 轮比赛——易错词辨正：给出 3 组韵母易错词（参考如下），随机指定各组内 3 名组员朗读。要求每人在 30 秒内读完 1 组易错词。

打靶	大厦	发达	马达	喇叭	哪怕
伯伯	婆婆	默默	泼墨	菠萝	喔喔
隔阂	合格	客车	特色	折射	这个
笔记	激励	基地	记忆	霹雳	习题
补助	读物	辜负	瀑布	入伍	疏忽
聚居	区域	屈居	须臾	序曲	语序
私自	此次	次子	恣肆	字词	孜孜
实施	支持	知识	制止	值日	试制
而且	儿歌	耳朵	二胡	二十	儿童

（4）第 2 轮比赛——绕口令速读：教师给出 3 组难易程度不同的绕口令，学生根据小组内讨论结果，自行选择。每组选出 4 名组员，要求他们依次准确读出随机给出的 1 组绕口令（参考如下）。若 4 名组员在规定的时间内（如 1 分钟）全部准确读出，则成功，但如果中间有 1 个人出错，就要从第 1 个人重新开始读。

女小吕和女老李

这天天下雨，体育局穿绿雨衣的女小吕，去找穿绿运动衣的女老李。
穿绿雨衣的女小吕，没找到穿绿运动衣的女老李，
穿绿运动衣的女老李，也没见着穿绿雨衣的女小吕。

（5）比赛评比。计分员根据两轮比赛情况，计算出各组分数，并填写在表 1-4 中。比赛设一等奖 1 名，二等奖 2 名，还可由全体学生投票选出“最佳团队奖”和“最佳个人奖”。教师可根据情况适当设置奖品。

表 1-4　评分标准

评价项目	评分标准	得　分
易错词辨正（50 分）	内容每错 1 处扣 1 分（40 分）	
	在规定时间内完成，每超出 5 秒扣 1 分，扣完 5 分为止（5 分）	
	团队配合程度（5 分）	
绕口令速读（50 分）	设置 3 个不同难度等级的绕口令，难 10 分，中 7 分，易 4 分（10 分）	
	内容每错 1 处扣 1 分（30 分）	
	在规定时间内完成，每超出 5 秒扣 1 分，扣完 5 分为止（5 分）	
	团队配合程度（5 分）	
合　计		

任务 1.4　声调发音训练

任务引入

冬天到了，由于家里晚上睡觉很冷，因此小张去商店买被子。他问售货员：“你们这儿有杯子（被子）吗？”售货员从柜台里拿出一个杯子说：“这个行吗？”小张知道售货员听错了，但他又不知道怎么发“被子”的音。于是，小张只好一边说要杯子（被子）不要杯子，一边做出很冷的样子，售货员这才领会他的意思。

请思考：小张为什么会把“被子”说成“杯子”呢？

相关知识

通过前面的学习，我们知道了声母和韵母在普通话发音中的重要作用，并通过练习掌握了它们的发音技巧。但是，即使声母和韵母的发音都很准确，若声调不对，也会使人不解其意。例如，一个留学生说："我想来中国学习韩（hán）语。"其实他是想说"学习汉（hàn）语"。由此可见，声调是音节中不可缺少的组成部分，不是附加的、可有可无的东西。声调不准确，会影响人们之间的交流，造成理解上的偏差。因此，学习普通话时必须要重视声调的学习。

1.4.1　声调的作用

声调的作用表现在区别汉字的意义。例如，"吧（bā）""拔（bá）""把（bǎ）""爸（bà）"，这 4 个音节的声母、韵母都相同，但声调不同，从而产生了不同的含义。另外，声调还可以增强语言的节奏感和感染力，使汉语具有抑扬顿挫的声调美。例如，对于"蓝蓝的天空白云飘，白云下面马儿跑"，若用错落有致的声调朗读，则能给我们带来听觉上的美感，否则就像老和尚念经，不仅毫无美感，还很难传递其中的意蕴。

声调

趣味小案例

有一天，小唐到银行取钱，隔着玻璃大声地喊："大姐，我取钱。"银行女职员立刻脸色大变，小唐不明其故，又喊："大姐，我取钱！"忽然，只听脑袋嗡的一声，小唐被银行保安一棍子打倒在地。原来，大家听到的是"打劫，我取钱"，误以为他要抢银行。

1.4.2　调值和调类

调值

声调包括调值和调类两方面。

1. 调值

调值是指声调高低、升降的变化，也就是声调的实际读法。语音学上普遍采用五度标记法来标记调值的高低，即把音高最高定为 5 度，音高半高定为 4 度，音高中间定为 3 度，音高半低定为 2 度，音高最低定为 1 度，如图 1-3 所示。

探渊索珠

五度标记法由我国“现代语言学之父”赵元任创制，用以记录语言声调调值。它不仅应用于汉语及其方言的研究，还能够应用于其他语言的研究。虽然将语言音高分为五度并非完全精准，但对于体现相对音高、研究语言调值有很大适用性。在五度标记法的基础上，赵元任还曾定义八度标记法，用以研究其他语言。作为对五度标记法的延伸，郑骅雄曾于 20 世纪末将其细化为九度标记法。

2. 调类

调类是指声调的种类，是根据声调的实际读法归纳出来的。普通话有阴平、阳平、上声和去声 4 种声调。

1）阴平

阴平读高平调，调值为 55（如图 1-3（a）所示），其特点是起音为高音，声音基本上高而平，无明显的升降变化，声带始终紧绷，保持高音。

例词：春天、身心、心胸、花开、关心、青春、开车、资金、突出、推敲、分钟、发音、星期、出差、东风、商标、欢呼、丰收、深思、沙滩、编织、专心、参加、书桌。

2）阳平

阳平读高升调，调值为 35（如图 1-3（b）所示），其特点是起音为中音，然后升到高音，声带由不松不紧逐渐绷到最紧。

例词：人民、豪情、昂扬、直达、团结、铜铃、文明、平时、勤劳、核实、兰陵、人才、循环、传奇、识别、着急、前途、学习、才能、篮球、牛羊、文学、习俗、儿童、常识、职责。

3）上声

上声读降升调，调值为 214（如图 1-3（c）所示），其特点是起音为半低音，先降到低音，再升到半高音，声带从略微紧张到放松，再紧绷。

例词：厂长、总统、理解、体己、剪纸、领导、只有、彩礼、总理、处理、表演、举手、水果、许可、产品、保险、水表、舞蹈、远景、陕北、勇敢、洗澡、导体、简短、党委领导。

4）去声

去声读全降调，调值为 51（如图 1-3（d）所示），其特点是起音为高音，然后降到低音，声带由最紧开始，然后逐渐放松，直到完全松弛为止。

例词：创造、秀丽、利益、锻炼、次序、路面、地震、放牧、训练、任务、内线、正式、计划、快去、现在、夜校、犯罪、重要、秘密、自立、世界、胜利迈进、日夜变化。

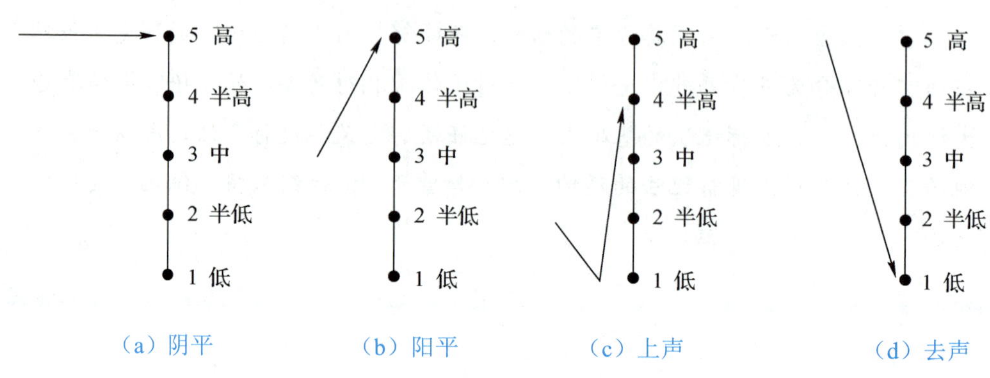

（a）阴平　（b）阳平　（c）上声　（d）去声

图 1-3　不同声调的调值

小贴士

（1）4 种声调的音长从短到长依次为去声、阴平、阳平、上声。

（2）阴平发得过高，会使阳平难于上升；阴平发得过低，可能会使去声降不下去。

（3）调号是调类的标记符号。阴平、阳平、上声和去声的调号依次为“ˉ”“ˊ”“ˇ”“ˋ”。声调的高低变化主要体现在韵腹（即主要元音）上，因此要将调号标在韵母的韵腹上。

1.4.3　声调的发音练习

说普通话要读准音节的声调，如果声调不准确、不到位，就很容易带有方言色彩。方言区的人因受自身方言的影响而在声调方面存在一些问题，如阴平的音高不够高，阳平上升的高度不够，上声降升不够明显，去声降得不够快等。存在这些问题时，一定要注意方言声调和普通话声调的区别和对应关系，努力发好普通话的阴平、阳平、上声和去声。

1. 单音节字的练习

（1）阴平。

微　均　租　枪　优　街　深　花

（2）阳平。

毫　贤　柴　条　徐　直　神　华

（3）上声。

满 写 旅 软 朵 稿 审 法

（4）去声。

店 换 正 劣 赵 静 慎 画

2. 双音节词语的练习

（1）阴平＋阴平。

参加 交通 丰收 秋风 拉丁 非洲 周刊 播音

（2）阴平＋阳平。

资源 飘扬 宣传 新华 高潮 胸怀 加强

（3）阴平＋上声。

批准 加紧 抓紧 争取 充满 悲喜 丰满

（4）阴平＋去声。

庄重 通信 根据 豌豆 将近 私自

（5）阳平＋阴平。

国家 国歌 承担 农村 浑身 投机

（6）阳平＋阳平。

国旗 流传 流程 随时 儿童

（7）阳平＋上声。

华北 黄海 才子 烦琐 缝补 截止

（8）阳平＋去声。

革命 群众 盘踞 常用 情愿 存放

（9）上声＋阴平。

广播 许多 北京 每天 染缸

（10）上声＋阳平。

指南 歹毒 解馋 砍伐 久别

（11）上声＋上声。

遣返 广场 感想 打倒 表演 领土

（12）上声＋去声。

假设 左右 曲剧 广阔 紧迫 垮掉

（13）去声＋阴平。

内因 列车 画风 叫嚣 密封

（14）去声＋阳平。

自然　道德　触觉　复仇　会谈

（15）去声＋上声。

血管　剧本　叩首　后悔　就此

（16）去声＋去声。

日月　画像　愤怒　岁月　宴会

3. 四音节词语的练习

（1）同调相连。

江山多娇　息息相关　居安思危　卑躬屈膝　和平繁荣　闻名全球

提前完成　儿童文学　变幻莫测　意气用事　爱护备至　创造纪录

（2）四声顺序。

千锤百炼　山明水秀　深谋远虑　中流砥柱　风调雨顺　花红柳绿

（3）四声逆序。

破釜沉舟　调虎离山　弄巧成拙　万马齐喑　妙手回春　异口同声

（4）四声交替。

名不虚传　当机立断　鸟语花香　蝇营狗苟　前仆后继　生龙活虎

4. 声调对比练习

（1）字的对比。

包—鲍　边—卞　福—府　黄—恍　戈—葛

火—霍　母—穆　吴—武　黎—李　王—汪

（2）词语的对比。

劫机—阶级　春节—纯洁　突然—徒然　字母—字幕

松鼠—松树　指使—指示　棘手—寄售　注意—逐一

间接—简洁　征集—政绩　从属—丛书　河山—和善

大学—大雪　集合—几何　时节—世界　会议—回忆

厂房—厂方　裁决—采掘　知识—致使　职业—枝叶

找事—肇事　及时—计时　原样—鸳鸯　咸鱼—仙域

整洁—正解　从事—从师　中华—种花　灰白—回拜

申请—深情　机关—籍贯　间距—检举　五一—武艺

任务实施——声调发音比赛

1. 任务描述

全班学生分组，进行声调发音比赛。

2. 任务目标

（1）掌握声调的发音。

（2）能够分析自己发音存在的问题，力求使自己的发音准确、规范。

3. 实施步骤

（1）分组。首先从全班学生中选出 1 名主持人和 3 名计分员，分别负责主持和计分工作；然后将余下学生分成若干组（每组 4～6 人），每组选出 1 名组长。

（2）准备比赛。教师组织所有小组进行比赛，比赛顺序由各小组现场抽签决定。

（3）第 1 轮比赛——声调发音：给出 3 组声调朗读词（参考如下），随机指定各组内 3 名组员朗读。要求每人在 30 秒内读完 1 组声调朗读词。

勤勉	秋收	新闻	欢迎	鲜明	磋商
发展	西安	听讲	艰苦	生产	施展
通信	根据	播送	音乐	拥护	夸耀
联欢	革新	节约	滑冰	容光	澄清
直达	答题	随时	联合	离别	停留
遥远	泉水	勤恳	难免	截止	民主
敏捷	统筹	普及	紧急	解围	谴责
破例	射箭	愤怒	庆贺	宴会	浪费
英俊	潇洒	高大	勇猛	上海	海浪

（4）第 2 轮比赛——绕口令速读：教师给出 3 组难易程度不同的绕口令，学生根据小组内讨论结果，自行选择。每组中选出 4 名组员，要求他们依次准确读出随机给出的 1 组绕口令（参考如下）。若 4 名组员在规定的时间内（如 1 分钟）全部准确读出，则成功，但如果中间有 1 个人出错，就要从第 1 个人重新开始读。

扁娃拔扁豆

扁扁娃背个扁口背篓，上扁扁山拔扁豆。

拔了一扁背篓扁豆，扁扁娃背不起一扁背篓扁豆，背了半扁背篓扁豆。

苏州两判官

苏州有个玄妙观，观里有两个判官，
一个判官姓潘，一个判官姓管。
是潘判官先去打管判官呢，还是管判官先去打潘判官呢？

（5）比赛评比。计分员根据两轮比赛情况，计算出各组分数，并填写在表1-5中。比赛设一等奖1名，二等奖2名，还可由全体学生投票选出“最佳团队奖”和“最佳个人奖”。教师可根据情况适当设置奖品。

表1-5　评分标准

评价项目	评分标准	得　分
声调发音（50分）	内容每错1处扣1分（40分）	
	在规定时间内完成，每超出5秒扣1分，扣完5分为止（5分）	
	团队配合程度（5分）	
绕口令速读（50分）	设置3个不同难度等级的绕口令，难10分，中7分，易4分（10分）	
	内容每错1处扣1分（30分）	
	在规定时间内完成，每超出5秒扣1分，扣完5分为止（5分）	
	团队配合程度（5分）	
合　计		

任务1.5　语流音变发音训练

任务引入

人们说话时，需要将一连串的音节连起来说，才能形成词语、句子等。在连续发音时，为了将发音调整为最佳状态，相邻的音通常会因相互影响而使得整个音节的发音发生一定的变化。这种变化主要体现在轻声、儿化和变调等现象中。任何语音都有轻声、儿化和变调等音变现象，它们是学习普通话的难点之一，掌握其规律可以使语音变得自然、和谐、不生硬。

请思考：

（1）轻声、儿化和变调的含义是什么？

（2）如何准确地进行轻声、儿化和变调的发音？

相关知识

1.5.1　什么是语流音变

语流音变是指在语流中，由于受到相邻音节和音素的影响，一些音节中的声母、韵母或声调发生语音变化的现象。普通话中的语流音变主要有轻声、儿化和变调等。语音在单读时，不会发生音变，而在连读时，很有可能发生音变，如单读“和”时，没有轻声，但连读“软和”时，读“huo”，即发生了轻声音变。

1.5.2　语流音变的发音练习

1. 轻声练习

1）轻声的含义

轻声是指在一连串音节组成的词语或句子中，某些音节常常会失去原有的声调而读成一种又轻又短的调子。例如，“爸爸”“桌子”“石头”“哥哥”等，这些词语的后一音节就是轻声音节。轻声不是一种独立的调类，而是一种语流音变现象。也就是说，轻声只是某些音节在一定条件下的临时音变现象，这些音节一旦脱离这种特殊条件，仍旧按原调读。

轻声

2）轻声的音变规律

（1）语气助词“啊”“吗”“吧”“呢”等读轻声，如“看啊（kàn a）”“行吗（xíng ma）”“走吧（zǒu ba）”“她呢（tā ne）”等。

（2）助词“的”“地”“得”“了”“着”等读轻声，如“似的（shìde）”“慢慢地（mànman de）”“不由得（bùyóude）”“除了（chúle）”“想着（xiǎngzhe）”等。

（3）名词的后缀“么”“子”头”“儿”等读轻声，如“什么（shénme）”“包子（bāozi）”“骨头（gǔtou）”“圈儿（quānr）”等。

（4）表示趋向的动词“来”“去”等读轻声，如“出来（chūlai）”“回去（huíqu）”等。

（5）方位词“上”“下”“里”“面”等读轻声，如“晚上（wǎnshang）”“乡下（xiāngxia）”“水里（shuǐli）”“外面（wàimian）”等。

（6）重叠式名词、动词的后一个音节读轻声，如“老太太（lǎotàitai）”“妈妈（māma）”“谢谢（xièxie）”等。

（7）双音节形容词重叠时，第一个音节重叠部分读轻声，如“干净（gānjìng）”重叠后读“干干净净（gānganjìngjìng）”等。

（8）量词“个”读轻声，如“这个（zhè ge）”“四个（sì ge）”等。

3）轻声的练习

练习时，既要熟记轻声词语的发音特点（轻、短），还要学会辨识轻声词语，这样才能更加准确地读出轻声词语。

示例

爱人	绸子	案子	靶子	巴掌	锄头
打量	畜生	窗户	窗子	打算	豹子
白净	锤子	班子	打听	板子	凑合
帮手	村子	梆子	耷拉	膀子	答应
棒槌	打扮	棒子	打点	包袱	打发
杯子	大方	被子	大爷	本事	大夫
本子	带子	鼻子	袋子	官司	单子

2. 儿化练习

1）儿化的含义

儿化又称儿化韵，是指普通话和某些汉语方言中的一种特殊的音变现象。词尾“儿”本是一个独立的音节，由于在口语中处于轻读的地位，长期与前面的音节连读而产生了音变。“儿”失去了独立性，与它前面的音节结合成一个音节，使这个音节的韵母带上卷舌音色，这种语音现象就是儿化。

儿化

2）儿化的音变规律

（1）无韵尾或韵尾是 u 的音节，儿化时在韵母后直接加 r（表示卷舌作用）。

例词：山坡儿 shānpōr　　小猴儿 xiǎohóur　　台阶儿 táijiēr

方格儿 fānggér　　水珠儿 shuǐzhūr　　小花儿 xiǎohuār。

（2）韵尾是 i、n（除 in、ün 外）的音节，儿化时去掉韵尾的 i 或 n，加 r。

例词：小孩儿 xiǎoháir　　书本儿 shūběnr　　糖块儿 tángkuàir

作文儿 zuòwénr　　土堆儿 tǔduīr　　长竿儿 chánggānr

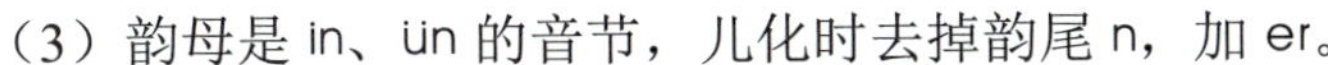

（3）韵母是 in、ün 的音节，儿化时去掉韵尾 n，加 er。

例词：脚印儿 jiǎoyìnr　　花裙儿 huāqúnr　　彩云儿 cǎiyúnr

　　　点心儿 diǎnxīnr　　合群儿 héqúnr

（4）韵母是 i、ü 的音节，儿化时加 er。

例词：玩意儿 wányìr　　眼皮儿 yǎnpír　　小曲儿 xiǎoqǔr

　　　有趣儿 yǒuqùr　　小鸡儿 xiǎojīr　　金鱼儿 jīnyúr

（5）韵母是 -i（前）、-i（后）的音节，儿化时去掉-i（前）或-i（后），加 er。

例词：大事儿 dàshìr　　果汁儿 guǒzhīr　　瓜子儿 guāzǐr

　　　树枝儿 shùzhīr　　写字儿 xiězìr

（6）韵尾是 ng（除 ing 外）的音节，儿化时去 ng，加 r，主要元音鼻化。

例词：蛋黄儿 dànhuángr　　药方儿 yàofāngr　　天窗儿 tiānchuāngr

　　　信封儿 xìnfēngr　　小王儿 Xiǎo Wángr

（7）韵母是 ing 的音节，儿化时去 ng，加 er，主要元音鼻化。

例词：水瓶儿 shuǐpíngr　　电影儿 diànyǐngr　　打鸣儿 dǎmíngr

　　　打铃儿 dǎlíngr　　手柄儿 shǒubǐngr　　头领儿 tóulǐngr

注：拼注儿化音时，只在音节末尾加“r”即可，语音上的实际变化不必在拼写上表示出来。

3）儿化的练习

练习时，不要把儿化词语拆开来读，如“这儿”不能读成“zhè ér”。同时，还要注意使用卷舌的动作来读主要元音，这个动作不是抬高舌位，而是把舌尖放在硬腭中部。

示例

在哪儿	找茬儿	打杂儿	戏法儿	鞋带儿
壶盖儿	名牌儿	加塞儿	收摊儿	栅栏儿
发火儿	笔杆儿	掉价儿	一下儿	一点儿
雨点儿	鼻梁儿	透亮儿	花样儿	麻花儿
一块儿	打转儿	拐弯儿	好玩儿	刀背儿
摸黑儿	杏仁儿	一阵儿	钢镚儿	夹缝儿
脖颈儿	提成儿	半截儿	小鞋儿	旦角儿
主角儿	耳垂儿	墨水儿	胖墩儿	砂轮儿
邮戳儿	抓阄儿	线轴儿	打滚儿	耳膜儿
吃点儿	大伙儿	药方儿	赶趟儿	蛋黄儿

3. 变调练习

1）变调的含义

变调又称**连接变调**，是指音节连续发音时，某些音节的声调会发生一定变化的现象。普通话中的变调主要有 3 种：上声的变调，“一”和“不”的变调，“啊”的变调。

2）变调的规律

（1）上声的变调规律。

① 上声在非上声（阴平、阳平、去声）前，其调值由 214 变为 211（半上声），如“每天”“感情”“广大”等。

② 若上声和上声相连，则前一个上声的调值由 214 变为 35（阳平），如“领土”“领导”“美好”等。

③ 若三个上声相连，则前两个上声有两种不同的变调：一是第一个音节的调值变为 211，第二个音节的调值变为 35，如“纸老虎”“洗澡水”“采访者”等；二是前两个上声的调值都变为 35，如“手写体”“展览馆”等。

小贴士

上声的变调规律速记口诀：单读句末不变调；上声非上前半上；上上相连前读阳。

（2）“一”和“不”的变调规律。

“一”的变调

“一”的原调是阴平，“不”的原调是去声。“一”和“不”通常在单读或出现在词句末尾时读原调，如“唯一”“六一”“绝不”“学会说不”等。另外，“一”在作序数词时读原调，如“第一”“初一”等。“一”和“不”的变调规律大体相同，主要体现在以下 3 个方面。

① 在非去声前，“一”变读为去声，“不”保持不变，仍读去声，如“一直”“一早”“一瞥”“一毛不拔”“一起一落”“不多”“不行”“不想”“不拘一格”“不管不顾”等。

② 在去声前变读为阳平，如“一块”“一辆”“一束”“一草一木”“不对”“不料”“不过”“不伦不类”“不见不散”等。

③ 夹在词语中间读轻声，如“管一管”“谈一谈”“想一想”“听一听”“走一走”“了不起”“来不来”“冷不丁”“大不了”“顾不得”等。

小贴士

“一”和“不”的变调规律速记口诀：单读句末不变调；非去前面读去声；去声前面读阳平；夹在词中读轻声。

（3）“啊”的变调规律。

① 前一音节的末尾音素是 a、o（不包括 ao、iao）、e、ê、i、ü 时，将“啊”读成“ya”，如“你去找他啊！”“你说啊！”“今天天气真热啊！”“你快点向他道谢啊！”“你可要拿定主意啊！”“好多鱼啊！”等。

② 前一音节的末尾音素是 u（包括 ao、iao）时，将“啊”读成“wa”，如“你在哪里住啊！”“妈妈对我真好啊！”“口气可真不小啊！”等。

小贴士

虽然 ao、iao 的末尾音素都是 o，但是以 ao、iao 结尾的词后面所跟的“啊”要读成“wa”，而不是读成“ya”。

③ 前一音节的末尾音素是 n 时，将“啊”读成“na”，如“你是哪里人啊？”“多好的人啊！”“要正视困难啊！”等。

④ 前一音节的末尾音素是 ng 时，将“啊”读成“nga”，如“大声唱啊！”“注意听啊！”“你真行啊！”等。

⑤ 前一音节的末尾音素是-i（前）时，将“啊”读成“za”，如“要好好学习写字啊！”“你去过新疆几次啊！”等。

⑥ 前一音节的末尾音素是-i（后）时，将“啊”读成“ra”，如“你有什么事啊！”“你倒是吃啊！”等。

3）变调的练习

练习时，要掌握变调的规律，并不断地进行揣摩，以形成良好的发音习惯，这样才可以使所读的词语、句子变得自然、顺畅。

示例

上声的变调

诡辩	妥善	统治	感谢	讨论	取悦
改变	反映	美丽	保证	武器	巩固
演员	海洋	首席	语言	眼神	总结
水果	雨水	保守	岛屿	勇敢	彼此
影响	所有	引起	采取	赶紧	品种
总统府	打草稿	讲理想	冷处理	很典雅	蒙古马
女导演	买雨伞	小广场	古典美	五百米	海产品

"一"和"不"的变调

一生	一般	一行	一路	一天	一体
瞧一瞧	谈一次	想一下	不好	不利	不及
要不要	美不美	深不深	搬不动	听不懂	记不住
一朝一夕		一唱一和	不像	不能	

"啊"的变调

ya：洗青菜啊。	快回去啊！	怎么这么听话啊！
wa：谁在敲鼓啊？	生活多好啊！	全托您老的福啊！
na：水好甜啊。	天好蓝啊。	该怎么办啊？
nga：大家一起唱啊！	你说话好好听啊！	
za：你教我练字啊？	今天星期四啊！	你怎么不动筷子啊？
ra：昨天才是星期日啊！	你在想什么事啊！	

任务实施——语流音变朗读比赛

1. 任务描述

全班学生分组，进行语流音变朗读比赛。

2. 任务目标

（1）掌握轻声、儿化、变调的发音辨正方法。

（2）能够分析自己发音存在的问题，力求使自己的发音准确、规范。

3. 实施步骤

（1）分组。首先从全班学生中选出 1 名主持人和 3 名计分员，分别负责主持和计分工作；然后将余下学生分成若干组（每组 4～6 人），每组选出 1 名组长。

（2）准备比赛。教师组织所有小组进行比赛，比赛顺序由各小组现场抽签决定。

（3）第 1 轮比赛——易错词朗读：轻声、儿化、变调分别给出 3 组易错词（参考如下），随机指定各组内 3 名组员朗读。要求每人在规定的时间内（如 1 分钟）读完 1 组易错词。

轻声词语

萝卜	豆腐	耳朵	先生	体面	招呼
便宜	客气	扫帚	亮堂	葡萄	蘑菇

芝麻	罐头	行李	动静	骆驼	钥匙
胳膊	巴结	包涵	明白	风筝	簸箕
知道	苍蝇	格式	俏皮	妖精	冤枉
裁缝	东家	机灵	逻辑	迷糊	模糊
舒服	窝囊	絮叨	高粱	核桃	疙瘩
狐狸	玻璃	街坊	云彩	眼睛	窟窿
刺猬	秧歌	算盘	咳嗽	消息	叨唠

儿化词语

打盹儿	胖墩儿	砂轮儿	冰棍儿	没准儿
开春儿	小瓮儿	瓜子儿	石子儿	没词儿
挑刺儿	墨汁儿	锯齿儿	记事儿	针鼻儿
垫底儿	肚脐儿	玩意儿	有劲儿	送信儿
脚印儿	花瓶儿	打鸣儿	图钉儿	门铃儿
眼镜儿	蛋清儿	火星儿	人影儿	毛驴儿
小曲儿	痰盂儿	合群儿	模特儿	逗乐儿
唱歌儿	挨个儿	打嗝儿	饭盒儿	在这儿
碎步儿	没谱儿	梨核儿	泪珠儿	有数儿

变调词语

坎坷	抖擞	海岛	本港	简短	广场
打鼓岭	水彩笔	老古董	管理组	小两口	买礼品
展销	纺织	雨衣	股东	保湿	火车
产权	打折	语文	版权	改革	祖国
百货	挑战	免税	访问	统计	讨论
一根	一线	看一眼	试一回	一目了然	
不啻	不等	不足	不详	不动声色	
一筹莫展		一触即发		一丝不苟	
一帆风顺		不约而同		不计其数	

（4）第 2 轮比赛——绕口令速读：教师给出 3 组难易程度不同的绕口令，学生根据小组内讨论结果，自行选择。每组选出 4 名组员，要求他们依次准确读出随机给出的 1 组绕口令（参考如下）。若 4 名组员在规定的时间内（如 1 分钟）全部准确读出，则成功，

但如果中间有1个人出错，就要从第1个人重新开始读。

轻声绕口令：

屋子里有箱子

屋子里有箱子，箱子里有匣子，
匣子里有盒子，盒子里有镯子；
镯子外有盒子，盒子外有匣子，
匣子外有箱子，箱子外有屋子。

看姥姥

有个小孩叫巧巧，巧巧哥哥叫摇摇。
摇摇划船带巧巧，巧巧要去看姥姥。
姥姥站在桥头笑，欢迎巧巧和摇摇。

儿化绕口令：

吃荸荠

荸荠荸荠有皱皮儿，皱皮上面藏着泥儿。
旧甘草皮上的泥儿，去甘草外面的皮儿。
荸荠没了皮儿和泥儿，干干净净吃荸荠儿。

越唱越带劲儿

进了门儿，倒杯水儿，喝了两口儿运运气儿，
顺手拿起小唱本，唱了一曲儿又一曲儿，练完嗓子练嘴皮儿。
绕口令儿，练字音儿，还有单弦儿牌子曲儿，
小快板儿大鼓词儿，越说越唱越带劲儿。

变调绕口令：

一块儿来啊

鸡呀，鸭呀，猫哇，狗哇，一块儿水里游哇！
牛哇，羊啊，马呀，骡呀，一块儿进牧场呀！
狼啊，虫啊，虎哇，豹哇，一块儿上街跑哇！
兔哇，蛇哇，鼠哇，孩儿啊，一块儿上窗台儿啊！

一心一意

干什么工作都要一心一意，表里如一，言行一致，一丝不苟。
情绪不能一高一低，一好一坏，一落千丈，一蹶不振。

做事必须一是一，二是二，一清二楚，说一不二。

要一不做二不休，一不怕苦，二不怕累，不屈不挠，一切从零开始。

决不能一而再，再而三地叫人摇头说不字。

（5）比赛评比。计分员根据两轮比赛情况，计算出各组分数，并填写在表 1-6 中。比赛设一等奖 1 名，二等奖 2 名，还可由全体学生投票选出“最佳团队奖”和“最佳个人奖”。教师可根据情况适当设置奖品。

表 1-6　评分标准

评价项目	评分标准	得　分
易错词朗读（50 分）	内容每错 1 处扣 1 分（40 分）	
	在规定时间内完成，每超出 5 秒扣 1 分，扣完 5 分为止（5 分）	
	团队配合程度（5 分）	
绕口令速读（50 分）	设置 3 个不同难度等级的绕口令，难 10 分，中 7 分，易 4 分（10 分）	
	内容每错 1 处扣 1 分（30 分）	
	在规定时间内完成，每超出 5 秒扣 1 分，扣完 5 分为止（5 分）	
	团队配合程度（5 分）	
合　计		

思考与练习

1. 填空题

（1）普通话的内涵主要是从____________、____________、____________三个方面来具体阐述的。

（2）语音的性质包括____________、____________和____________。

（3）语音属于一种物理运动，具有物理属性，包括____________、____________、____________和____________4 个要素。

（4）发音器官可分为____________、____________、____________和共鸣器官。

（5）音素可以分为__________和__________两大类。

（6）音节可分为__________、__________和__________3 部分。

（7）按发音部位的不同，辅音声母可分为__________、__________、__________、__________、__________、舌尖前音和舌尖后音 7 类。

（8）按发音时构成阻碍和解除阻碍的方式，辅音声母可分为__________、__________、__________、__________和边音 5 类。

（9）按声带是否振动，辅音声母可分为__________和__________两类。

（10）零声母可分为__________和__________两类。

（11）按音节结构的不同，韵母可分为__________、__________和__________3 类。

（12）按开头元音发音的唇形特点，韵母可分为__________、__________、__________和撮口呼韵母 4 类。

（13）声调包括__________和__________两方面。

（14）普通话有__________、__________、__________和__________4 种声调。

（15）普通话中的语流音变主要有__________、__________和__________等。

2. 判断题

（1）普通话是以北京语音为标准音、以北方话为基础方言、以典范的现代白话文著作为语法规范的现代汉民族共同语。（　　）

（2）音长是指声音的长短，以秒（s）为单位。（　　）

（3）音素是构成语音的基本单位。（　　）

（4）唇齿音有 2 个：f、g。（　　）

（5）以元音和鼻辅音为韵尾的韵母，共 15 个，可分为前鼻音韵母和后鼻音韵母。（　　）

（6）根据发音时舌头作用的不同，单韵母可分为舌面元音、舌尖元音和卷舌元音 3 类。（　　）

（7）前响复韵母发音的共同点是前响后轻。（　　）

（8）声调是指音节的高低、升降形式。（　　）

（9）阳平读高升调，调值为 45，其特点是起音为中音，然后升到高音，声带由不松不紧逐渐绷到最紧。（　　）

3. 简答题

（1）简述舌尖前音与舌尖后音的辨正方法。

（2）简述韵母发音的辨正方法。

（3）简述轻声的音变规律。

（4）简述儿化的音变规律。

素质园地：《广韵》——中古语音字典

《广韵》全称为《大宋重修广韵》，由宋人陈彭年、丘雍等人在隋朝韵书《切韵》基础上编撰而成，成书于北宋真宗大中祥符元年，即公元前 1008 年，刊行至今，流传版本众多，如图 1-4 所示。

我国传统音韵学以音节的声、韵、调三部分对语音进行分析。韵与韵母不同，韵母为音节中声母后面的部分，而韵的指代范围更广，一个韵下往往包含多个韵母，例如 an、ian、uan 同属一个韵，但有三个韵母。《广韵》收字共计 26 000 多个，不同于如《说文解字》一类以偏旁部首为顺序编排的字书，它以韵类为标目和次序，是一部按韵编排的古代字典。它分为 206 个韵类，按平、上、去、入 4 个声调分卷，由于平声字较多，因而总共分为 5 卷。现代音韵学者将隋、唐、宋的语音称为“中古音”，可以说，《广韵》实际是一部中古语音字典。

由于《广韵》完整详细地记录了自南北朝至宋末的语言系统，且保存了珍贵的古代文字训诂资料，同时既是至今保存完整的最早的韵书，也是中国第一部官修韵书，它对于研究中国古代汉语音韵与汉语方言的演变意义非凡，是研究我国古代汉语音韵学不可缺少的重要资料。

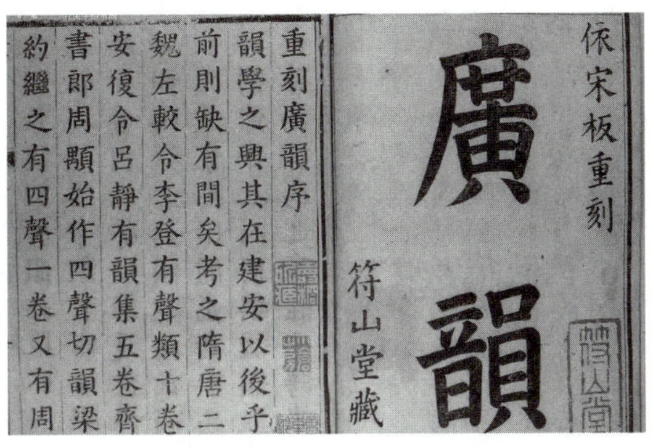

依宋板重刻
廣韻
符山堂藏

重刻廣韻序
韻學之興其在建安以後
前則缺有間矣考之隋唐二
魏左較令李登有聲類十卷
安復令呂靜有韻集五卷齊
書郎周顒始作四聲切韻梁
約繼之有四聲一卷又有周

图 1-4　清康熙六年陈上年张绍刊本《广韵》

项目 2 高铁服务语言沟通训练

项目导读

随着人们对个性化、差异化服务需求的增多，旅客对高铁服务水平的要求越来越高。要实现优质服务，高铁服务人员就必须要具备良好的语言沟通能力，掌握一定的沟通技巧，避免与旅客发生冲突，从而更好地为旅客提供服务。那么，影响语言沟通的因素有哪些？语言沟通的原则和技巧是什么？高铁服务日常语言沟通的训练又包括哪些？本项目将对这些问题进行探讨。

知识目标

- 了解高铁服务语言沟通的重要性。
- 掌握影响语言沟通的因素。
- 掌握语言沟通的原则。
- 掌握语言沟通的技巧。
- 熟悉高铁服务日常语言沟通训练的相关内容。

技能目标

- 能够通过有效的训练提高沟通技能。
- 能够运用规范的日常服务用语与旅客沟通。

素质目标

- 通过学习语言沟通的原则与技巧，提高活学活用的能力。
- 通过熟悉高铁日常语言沟通的情景，培养具体问题具体分析的能力。
- 通过学习《战国策》中语言沟通的艺术，感受中华优秀传统文化的魅力，培养民族自豪感，增强文化自信心。

任务 2.1 高铁服务语言沟通认知

任务引入

G××次列车在经过云南省时，遇到泥石流，导致列车在弥勒站停留了将近 10 个小时。面对这种情况，列车工作人员积极安抚旅客，诚恳致歉，用心地与旅客沟通，消除旅客不安、不满等情绪，保障所有旅客能喝上热水、吃上热饭。随后，列车长向旅客耐心、细致地讲解了列车停留的原因，不隐瞒、不欺骗、不推脱。列车工作人员收到列车恢复运行的消息后，第一时间告知了旅客。列车工作人员妥善安排旅客并解决好旅客的困难，全心全意为旅客服务，使旅客真切地感受到温暖，因此旅客表示理解与支持。

请思考：

（1）影响列车工作人员与旅客语言沟通的因素有哪些？

（2）案例中所涉及的语言沟通的原则和技巧是什么？

相关知识

2.1.1 高铁服务语言沟通的重要性

无论是在生活中，还是在工作中，人与人之间都离不开交往，而交往又离不开沟通。高铁服务的沟通是高铁服务人员与旅客之间的一种信息交流。这种信息交流不仅能够减少许多不必要的矛盾，而且还可以拉近彼此间的距离，增进彼此间的感情。高铁服务的沟通主要是通过语言进行的，服务语言是旅客评价服务质量的重要标准之一。服务语言自然、悦耳，会使旅客有愉快、亲切之感，也会使旅客对服务工作产生良好的印象；反之，服务语言生硬、刺耳，会使旅客难以接受，甚至可能引起旅客的不满与投诉，增加高铁服务人员与旅客之间的矛盾和纠纷。

高铁服务人员在服务过程中离不开语言沟通。无论是在进出站过程中，还是在列车上，良好的语言沟通都起着至关重要的作用。因此，高铁服务人员应具备良好的语言沟通能力，

掌握一定的沟通技巧，并在服务工作中合理运用，从而提高高铁的服务质量，树立良好的高铁形象。

2.1.2 影响语言沟通的因素

沟通是人与人之间交流互动的过程，是思想的交换。高铁服务工作始终与沟通相互伴随，高铁服务人员与旅客之间良性的语言沟通，可以改善彼此间的关系，提升旅客的获得感和幸福感，从而使服务工作顺利进行。在沟通过程中，影响语言沟通的因素有很多，主要包括沟通技巧因素、态度因素、情绪因素和环境因素等。

1. 沟通技巧因素

在服务工作中，高铁服务人员要灵活掌握语言沟通技巧，以便更好地为旅客服务。例如，在遇到情绪激动的旅客时，不要急于反驳，要灵活机动，把握时机，恰如其分地给予解释，否则很可能会使局面变得更加糟糕。

2. 态度因素

沟通者的态度是影响沟通效果的关键因素，在沟通过程中起着重要的作用。良好的沟通态度是有效沟通的前提和基础，且有助于达到好的沟通效果；而恶劣的沟通态度往往会导致沟通失败，甚至还会起反作用。在沟通过程中，高铁服务人员应避免出现精神不集中、过分胆怯、主动沟通意愿不强等情况，要学会适当调整自身的状态，始终以良好的精神面貌和积极的态度去迎接工作。

3. 情绪因素

高铁服务人员与旅客任何一方处于情绪不稳定状态时，如厌恶、愤怒、兴奋、恐惧等，都有可能出现词不达意、非语言行为过多等情况，从而影响沟通的效果。因此，高铁服务人员应该学会控制自己的情绪，或者当旅客情绪出现波动时，应先对其进行安抚，使其情绪稳定下来，再向其说明相关事宜。

课堂小分享

乘坐高铁时，你遇到过高铁服务人员态度恶劣或情绪不好的情况吗？你们沟通的效果如何？若遇到过，请与大家分享一下。

4. 环境因素

环境因素包括物理环境和社会环境。

（1）物理环境包括列车车厢内的光线、温度、噪声、整洁度等。舒适安全、安静整洁的列车车厢，有利于高铁服务人员与旅客进行沟通；反之不然。

（2）社会环境包括旅客周围的人际关系、氛围、沟通距离等。良好的人际关系、融洽和谐的氛围、适当的沟通距离等，都会促进沟通的顺利开展；反之不然。

因此，高铁服务人员在与旅客沟通的过程中，要留心观察，找准时机，在合适的环境中进行沟通，这样就会达到事半功倍的效果。

2.1.3 语言沟通的原则

语言沟通的原则主要包括五种：平等原则、相容原则、同理心原则、礼貌待人原则、真诚坦率原则。

1. 平等原则

平等是沟通双方在态度上、关系上的平等，是建立情感的基础。高铁服务人员在进行语言沟通时不应该盛气凌人、颐指气使、高人一等，而应该坚持平等的语言沟通原则，这样才能达到好的沟通效果。

课堂小分享

> 乘坐高铁时，你有过被不平等对待的经历吗？若有，请与大家分享具体过程，并简单分析下原因。

2. 相容原则

相容是指高铁服务人员与旅客在进行语言沟通的过程中，要互相包容。高铁服务人员在服务过程中会遇到不同的人，听到不同的意见，甚至还会遇到不合理的行为，但无论是哪种情况，与旅客沟通时都应尝试理解他们，求同存异，化解矛盾，只有这样才能更好地完成高铁服务工作。

3. 同理心原则

同理心是指在人际交往过程中能够站在对方的立场，了解其想法，理解其感受，进而达到情感上的共鸣。在服务过程中，高铁服务人员要及时感知旅客的情绪，了解旅客的想法，理解旅客的感受，做到将心比心，站在旅客的角度思考和处理问题，这样才能使旅客

舒心，使沟通更加有效。

4. 礼貌待人原则

礼貌待人是高铁服务人员与旅客之间沟通的前提条件，是彼此之间友好沟通的一座桥梁。高铁服务人员要做到礼貌待人，学会运用礼貌用语，如“请”“您好”“谢谢”“对不起”等，这样更能使旅客感受到亲切和温暖。

5. 真诚坦率原则

在进行语言沟通的过程中，高铁服务人员要真诚以待、坦率认真、不说假话。高铁服务人员只有真诚地对待旅客，才能获得旅客的信任，达到良好的沟通效果。

2.1.4　语言沟通的技巧

1. 用词要恰当、灵活

高铁服务人员在面对不同类型的旅客时，要正确、合理地运用服务语言进行沟通，用词要恰当、灵活，确保符合当时的时间、地点、氛围、对象等具体情况，保证沟通内容通俗易懂，避免使用令人尴尬、避讳的词汇。

2. 态度要诚恳、亲切

高铁服务人员与旅客沟通时，要态度诚恳、亲切，这样才能使旅客产生好感，从而达到更好的沟通效果。

3. 声音要温柔、动听

高铁服务人员在与旅客沟通时，发音要准确，吐字要清晰、自然，声音要温柔、大方，语调要抑扬顿挫，这样可以使旅客感受到温暖，而且动听的声音也会增加沟通的魅力，从而使双方的沟通能够顺利进行。高铁服务人员应根据自身条件和实际情况，探索适合自己声音的语调、音量，从而形成自己的特色。

4. 体态语要谦逊、亲和

体态语是指在交流过程中将身体的变化（如表情、动作等）作为传递信息、交流思想感情的辅助工具的非语言符号。高铁服务人员与旅客沟通时，适当地运用体态语有利于服务工作的顺利进行，使旅客获得舒心、优质的服务体验。谦逊的体态语能使旅客感受到尊重，亲和的体态语能使旅客体会到家的感觉。

【典型案例 2-1】

2020 年 10 月 9 日，原定 13:40 发车的 G××次列车因铁路运输企业单方面的问题而延误到 15:40 以后才发车。在此期间，有一位旅客因为着急，就向候车厅检票口的服务人员询问情况。该服务人员不耐烦地回答："大屏幕上都显示了，您自己不会看吗？你问我，我上哪里知道去。"旅客听后，勃然大怒，立即投诉了该服务人员。

案例分析：

在列车延误时，高铁服务人员首先应以更加饱满的热情投入工作，严格要求自己，避免松懈；其次，要充分理解旅客，因为经长时间的等待，旅客会非常敏感和焦虑，此时更应把握分寸，避免因语言不当而激怒旅客。

5. 善用征求式语言

高铁服务人员在需要旅客配合工作时，通常会采用征求式语言进行沟通，如"您好，我能帮您把行李安置到行李架上吗？"。高铁服务人员用征求式语言与旅客沟通，会使旅客感受到应有的尊重和亲切，旅客自然而然就会主动地配合其工作。

6. 善用商讨式语言

高铁服务人员在需要旅客协助完成某些事项或进行沟通协调时，一般会采用商讨式语言进行沟通，如"如果您方便的话，能不能与后排的这位旅客换一下座位？"。在沟通过程中，一定要注意语句意思的表述，不要使旅客产生错误的理解。高铁服务人员用商讨式语言与旅客沟通，会使旅客始终被重视感，这样更有助于达到沟通的效果。

7. 善用委婉式语言

高铁服务人员在遇到不能直接回答的问题时，常常会使用委婉式语言进行沟通，如"请您原谅，安全锤是在紧急情况下才能使用的，所以请您不要随意玩耍"。对于无理取闹的旅客，高铁服务人员要更加耐心，运用委婉式语言对旅客进行疏导。

8. 善用恳求式语言

高铁服务人员在处于弱势时，经常会使用恳求式语言进行沟通，如"您好，您能不能帮我递一下清洁袋呢？"，以便更好地使旅客配合其工作。

综上所述，高铁服务人员要正确掌握并运用语言沟通的技巧，以便获得更多、更完整、更真实的信息，从而更好地为旅客服务，使整体的服务工作和服务质量达到预期的目的和效果。如果出现效果差的情况，就需要及时变更沟通的方法，而不是生搬硬套地使用某种

沟通方式，这样才会使事情更好、更快地解决。

课堂讨论

小李是一名高铁服务人员，在一次工作中，不慎将开水洒到了旅客的腿上，旅客非常生气，要求小李赔偿。

讨论：若你是小李，你会如何运用语言沟通的技巧来解决这一问题？

任务实施——演讲比赛之“我对高铁服务语言沟通的认识”

1. 任务描述

为了加深学生对高铁服务语言沟通的认识，教师组织学生以“我对高铁服务语言沟通的认识”为主题，进行演讲比赛。

2. 任务目标

（1）通过演讲比赛，能够深刻体会到高铁服务语言沟通的重要性。

（2）能够树立自信心，做好职业心理准备。

3. 实施步骤

（1）分组。将全班学生分成若干组（每组 4～6 人），每组选出 1 名组长。

（2）准备比赛。组长带领小组成员搜集资料，确定演讲题目（自拟）。各小组撰写演讲稿，组内所有成员进行模拟演讲，最后投票选出 1 名成员代表小组参加演讲比赛。

（3）正式比赛。教师组织所有小组进行演讲比赛，比赛顺序由各小组现场抽签决定。从不参与演讲的学生中选出 1 名主持人和 3 名计分员，分别负责主持和计分工作。

（4）比赛评比。本组外的其他组组长为评委，评分标准见表 2-1。除去评委评分中的最高分和最低分，取剩余评分的平均分作为比赛结果，并按平均分的高低排出名次。比赛设一等奖 1 名，二等奖 2 名，还可由全体学生投票选出“最佳台风奖”和“最受欢迎奖”。教师可根据情况适当设置奖品。

表 2-1　评分标准

评价项目	评分标准	得　分
演讲内容（40 分）	选题新颖、深刻，观点正确、鲜明（15 分）	
	选材得当、材料充分，切中社会现实，针对性强（15 分）	
	结构清晰，逻辑严谨，说服力强（10 分）	

（续表）

评价项目	评分标准	得　分
语言表达（30 分）	普通话标准，吐字发音清楚（10 分）	
	表达自然，能准确、恰当地表情达意（10 分）	
	演讲流畅，语速适中，节奏富于变化（10 分）	
团队协作（10 分）	小组成员协作良好（5 分）	
	任务完成度高（5 分）	
仪表形象（10 分）	大方得体、不矫揉造作，举止从容、端正（5 分）	
	精神饱满，亲切自然（5 分）	
演讲时间（10 分）	演讲时间为 5 分钟，少于 4 分钟或多于 6 分钟的，每不满或超过 30 秒扣 2 分（不满 30 秒按 30 秒计），扣完 10 分为止	
合　计		

任务 2.2 高铁服务日常语言沟通训练

任务引入

由于某段高铁线路发生电力故障，G××次列车中途临时停了两小时，以致列车晚点。面对此情况，高铁服务人员积极安抚旅客，维持车厢良好秩序，并及时向旅客通告相关信息，了解旅客需求，最大限度地减少旅客的焦虑，使高铁成为“有温度”的交通工具。

请思考：假如你是一名高铁服务人员，当列车晚点时，你会如何安抚旅客？

相关知识

2.2.1 进站语言沟通训练

旅客进站时，车站服务人员（如图 2-1 所示）的常用语主要有以下几种。

图 2-1　车站服务人员

（1）当旅客过安检时，车站服务人员一般说：“欢迎来到××站，请接受安检。”当安全检查发现可疑物品时，车站服务人员一般说：“对不起，请您将包打开接受检查，谢谢。”安全检查完以后，车站服务人员还应对旅客说：“谢谢您的配合，祝您旅途愉快。”

（2）当旅客寻求帮助时，车站服务人员一般说：“请问您需要什么帮助？”（或“请问您有什么需要帮忙的吗”“需要我帮您做些什么吗？”）

（3）当检票时，车站服务人员一般说：“请您出示有效证件。”

【典型案例 2-2】

安检员：“女士，请问您的包里都有什么？”

旅客：“就是一些水果、零食和一瓶指甲油。”

安检员：“您能把包打开让我看看吗？”

旅客：“当然可以。”

安检员：“旅客携带指甲油不能超过 20 mL。”

旅客：“可是这个指甲油也就 25 mL，能有什么危险？”

安检员：“对不起女士，这是规定。”

旅客：“哎，好吧。”

案例分析：

从上述案例中可以看出，这位旅客对安检员的回答显得很无奈。虽然这是规定，但是旅客还是有些许的不理解。在面对此类旅客时，安检人员有义务向旅客解释清楚相关的规定，以获得旅客的理解和支持。

2.2.2 列车语言沟通训练

列车服务人员的常用语主要包括车门立岗时的常用语和列车运行时的常用语。

1. 车门立岗时的常用语

车门立岗人员（如图 2-2 所示）的常用语主要有以下几种。

图 2-2 车门立岗人员

（1）当迎接旅客上车时，车门立岗人员一般说：“您好，欢迎乘坐本次列车。”

（2）当遇雨、雪天气时，车门立岗人员一般说：“您好，欢迎乘坐本次列车，请注意安全。”

（3）当旅客很多、很拥挤时，车门立岗人员一般说：“请大家排好队，提前准备好有效证件。”

（4）当两列车同站台时，为避免旅客上错车，车门立岗人员一般说：“您好，欢迎您乘坐 G××次列车，本次列车由××站开往××站，请注意查看车票上的车次，不要上错列车。”

（5）当送别旅客时，车门立岗人员一般说：“再见，欢迎您再次乘坐本次列车。”（或“请慢走，注意脚下安全，欢迎您下次乘车”）

2. 列车运行时的常用语

当旅客在列车上时，列车服务人员（如图 2-3 所示）的常用语主要有以下几种。

图 2-3　列车服务人员

（1）当旅客找不到座位寻求帮助时，列车服务人员一般说：“您好，您的座位在这边，请跟我来。”

（2）当旅客取用开水时，列车服务人员一般说：“您好，取用开水时请不要接太满，以免烫伤。”

（3）当看到旅客在小茶桌放置重物时，列车服务人员一般说：“您好，小茶桌承重有限，为了避免发生意外，请您将物品放在行李架上。”

（4）当为旅客更换清洁袋时，列车服务人员一般说：“您好，为您更换一下清洁袋。”

（5）当收取杂物时，列车服务人员一般说：“您好，请问这个您还需要吗？我帮您清理一下。”

（6）当看到儿童在车厢内来回跑动时，列车服务人员一般会对家长说：“请照顾好您的小孩儿，不要让他们在车厢内跑动，以免发生意外。”（或“您好，车速很快，请您看管好小朋友，注意安全”）

（7）当列车行驶途中，某位旅客因某些事情发生不愉快时，列车服务人员一般说：“女士 / 先生，对于刚刚发生的事情，我们感到非常抱歉，我们会尽力帮助您解决，给您带来不便希望您能谅解，感谢您对我们工作的支持。”

（8）当整理行李架时，列车服务人员一般说：“您好，为了确保安全，避免行李掉落，砸伤周围的旅客，我帮您调整一下行李。”

（9）当需要查验有效证件时（如图 2-4 所示），列车服务人员一般说：“您好，请出示您的有效证件。”查验完有效证件后，列车服务人员还应对旅客说：“您好，请收好您的有效证件。”

图 2-4 查验有效证件

（10）旅客询问列车晚点原因时，列车服务人员一般说：“对不起旅客，耽误您时间了，前方道路路况出现了严重的问题，相关工作人员正在紧急处理，给您带来不便，望您理解。”

【典型案例 2-3】

在运行的 G××次列车中，列车服务人员对部分旅客进行了查票。列车服务人员在到达某车厢时，只对其中的一名旅客进行了查票。这位旅客被列车服务人员的这一操作弄得很尴尬，也很疑惑，于是就向查票的列车服务人员询问情况：“为什么不检查别人的票，只检查我的？您是对我有意见吗？”列车服务人员说：“这是例行检查。”这名旅客对列车服务人员的回答感到非常不满。

案例分析：

在旅客提出质疑时，列车服务人员应该耐心地给予解释，而不是只给一句“这是例行检查。”就将旅客给打发了，因为这种回答往往会给人一种敷衍、不耐烦的感觉。

2.2.3 出站语言沟通训练

旅客出站时，车站服务人员的常用语主要有以下几种。

（1）出站验票时，车站服务人员一般说：“您好，请您将有效证件放在自动检票机上，谢谢配合。”

（2）当自动检票机无法识别有效证件时，车站服务人员一般说：“您好，请您到人工检票通道处进行查验，谢谢配合。”

（3）对于无票旅客，车站服务人员一般说："您好，请您先到补票窗口进行补票，谢谢配合。"

（4）对于随意插队的旅客，车站服务人员一般说："您好，请您从两侧排队出站，谢谢配合。"

拓展提高

高铁服务规范用语"八字"基本要求

"请"字开口，"您"字当先；
进站有"迎"声，出站有"送"声；
列车服务有"请"声，得到配合有"谢"声；
旅客询问有"答"声，提出要求有"回"声。

任务实施——高铁服务日常语言沟通情景模拟演练

1. 任务描述

选择下列情景或自行设置情景，采用分角色扮演法进行高铁服务日常语言沟通的情景模拟演练。

情景：家住合肥的李奶奶购买了 2020 年 9 月 30 日上午从合肥到大连的 G××次列车的车票，去大连探亲并旅游。这是李奶奶第一次乘坐高铁，因此她对很多乘车流程都不熟悉。李奶奶在进站过程中，询问了很多车站服务人员，终于在列车出发前上车了。李奶奶本以为终于可以松一口气了，谁知竟然找不到自己的座位，还要拎着一大堆行李去找座位，于是非常着急。

2. 任务目标

（1）能够进一步培养自身的高铁服务意识。

（2）能够提高在高铁服务日常语言沟通方面的能力。

3. 实施步骤

（1）首先从全班学生中选出 1 名主持人和 3 名计分员，分别负责主持和计分工作；然后将余下学生分成若干组（每组 4～6 人），每组选出 1 名组长。

（2）每组根据所给情景或自行设置的情景进行模拟演练，逐步完善表演，同时将小组名称、演练过程等填入表 2-2。进行模拟演练时，可参考下列步骤。

① 主动向李奶奶问好，安抚她的情绪。

② 询问李奶奶有关座位的信息，并请其出示有效证件。

③ 帮李奶奶拿行李，带领她前往自己的座位。

④ 李奶奶在座位上坐好后，帮她把行李放到行李架上。

⑤ 将高铁上饮用水、小茶桌、清洁袋等的使用情况向李奶奶交代清楚，使李奶奶安心。

（3）教师组织所有小组进行模拟演练比赛，模拟演练的顺序由各小组现场抽签决定。

（4）本组外的其他组组长为评委，评分标准见表 2-2。除去评委评分中的最高分和最低分，取剩余评分的平均分作为比赛结果，并按平均分的高低排出名次。比赛中总分最多的小组获胜，还可由全体学生投票选出“最佳台风奖”和“最受欢迎奖”。教师可根据情况适当设置奖品。

表 2-2 情景模拟演练表

小组名称		
演练过程		
演练评分	是否积极参与（15 分）	
	整体组织指挥是否协调（20 分）	
	服务态度是否良好（20 分）	
	岗位分工是否明确（20 分）	
	表达是否流畅、清晰和得体（25 分）	
	总分（100 分）	
教师点评		
学生自我评价		

思考与练习

1. 填空题

（1）无论是在生活中，还是在工作中，人与人之间都离不开交往，而交往又离不开沟通。高铁服务的沟通是一种____________。

（2）良好的沟通态度是有效沟通的____________，且易于达到好的沟通效果。

（3）____________是指在交流过程中将身体的变化（如表情、动作等）作为传递信息、交流思想感情的辅助工具的非语言符号。

（4）高铁服务人员在需要旅客配合工作时，通常会采用____________语言进行沟通。

（5）高铁服务人员在需要旅客协助完成某些事项或进行沟通协调时，一般会采用____________语言进行沟通。

（6）高铁服务人员在遇到不能直接回答的问题时，常常会使用____________语言进行沟通。

（7）高铁服务人员在处于弱势时，经常会使用____________语言进行沟通，以便更好地使旅客配合其工作。

（8）列车服务人员的常用语主要包括____________和____________。

2. 判断题

（1）高铁服务的沟通主要是通过语言进行的，服务语言是旅客评价服务质量的重要标准之一。（　　）

（2）语言是人与人之间交流互动的过程，是思想的交换。（　　）

（3）高铁服务人员在与旅客沟通的过程中，要留心观察，找准时机，在合适的环境中进行沟通，这样就会达到事半功倍的效果。（　　）

（4）高铁服务人员应根据自身条件和实际情况，探索适合自己声音的语调、音量，从而形成自己的特色。（　　）

（5）影响语言沟通的环境因素包括物理环境和自然环境。（　　）

3. 简答题

（1）影响语言沟通的因素有哪些？

（2）简述语言沟通的原则。

（3）简述语言沟通的技巧。

素质园地：从《战国策》看沟通艺术

《战国策》是由西汉刘向编订的国别体史书，主要记载了战国时期纵横家就错综复杂的政局与国家关系，为主君分析形势、谋划政治与言行策略的说辞。它收录了百家争鸣时期众多谋士游说君王的精彩论辩故事，文辞华丽、逻辑严密、气势磅礴、引人入胜，展现了纵横捭阖、运筹帷幄的战国策士精妙高超的沟通艺术，具有极高的文学价值与浓厚的艺术魅力。可以说，《战国策》是一本学习沟通与论辩的教科书。

“一言之辩，重于九鼎之宝；三寸之舌，强于百万雄师。”《战国策》中的策士以严密的语言逻辑、精妙的文辞表达、精准的心理揣摩，将满腹经纶、过人谋略与卓绝辩才化为君王侧的巧妙谏言。例如，在《触龙说赵太后》中，触龙为说服赵太后将自己的小儿子长安君送至齐国作为人质，先是以关心太后饮食起居解除了太后的戒备之心，而后以父母之爱为切入点，使太后产生情感共鸣，紧接着以国家安危阐述利害，借太后爱子之情因势利导，循循善诱，层层深入，最终使太后心悦诚服。

《战国策》中鲜活生动的故事对当今的人际沟通仍具有启发意义。而对于高铁服务工作而言，更应该学习《战国策》中语言沟通的艺术，从中华优秀传统文化中汲取精华，掌握良好的语言沟通能力，为旅客提供优质服务。

项目 3 高铁播音表达训练

项目导读

高铁播音是高铁服务的重要环节，规范、清晰、动听的高铁播音，不仅能为旅客提供及时的消息，还能使旅客感到愉悦。为了更好地为旅客服务，高铁服务人员必须灵活掌握高铁播音技巧，并不断进行训练，提高服务技能。本项目将介绍高铁播音发声训练和高铁常用语播音训练。

知识目标

- 掌握播音发声技巧。
- 掌握播音表达外部技巧和内部技巧。
- 掌握播音表达声音弹性的内容。
- 了解高铁播音的要求。
- 熟悉高铁播音的常用通告语和应急用语。

技能目标

- 能够通过训练灵活地运用播音表达技巧。
- 能够提高声音的弹性，使声音富有色彩。

素质目标

- 通过学习播音表达技巧，重视基本功训练，培养端正的学习态度，树立正确的学习观。
- 通过了解高铁播音要求，培养脚踏实地、认真负责的工作作风，提升职业素养。
- 通过学习齐越的播音事迹，感受榜样的力量，培养忠诚为党的信念、爱岗敬业的品质与乐于奉献的精神，培育“为人民服务”的工作理念。

任务 3.1 播音发声训练

任务引入

播音发声是播音员在播音时的发音和用声方式，是播音技能的基本组成部分。我们都知道，播音员要想做好播音工作，仅靠先天优质的嗓音是远远不够的，还要进行充分的播音发声训练。播音员进行训练时，要学会正确使用发声方法，掌握播音发声技巧等，以便在播音时能够得心应手。

请思考：播音发声训练的相关内容有哪些？

相关知识

播音员可以通过播音发声技巧、播音表达外部技巧、播音表达内部技巧和播音表达声音弹性等对播音发声进行训练。该训练不仅能使播音员了解并掌握播音发声的理论知识，还能掌握其练习方法。

3.1.1 播音发声技巧训练

播音发声技巧训练主要包括气息控制练习、口腔控制练习和喉部控制练习，具体如下。

1. 气息控制练习

气息是发声的动力，就好比汽车上的发动机。气息对发声有着直接的影响：若气息不足，则声音无力；若气息过多，用力过猛，则有损声带。因此，要学会正确控制气息，并坚持不懈地练习。

1）气息控制的要领

播音员在播音时，不仅要有一定的呼吸储量，还要使口鼻协同呼吸。在吸气时，要及时调整气息，将两肩放松、两肋打开，使横膈膜向下运动，对小腹的控制逐渐增强；在呼气时，使胸腔扩张挺起，横膈膜向上运动，小腹向内、向上收缩，将气由肺部挤出，

以使呼气变得规律、流畅、持久。另外，在整个气息控制的过程中，要始终保持积极的状态，这样才能更好地控制呼吸，使声音持久而有韧性。

2）延长呼吸控制时间

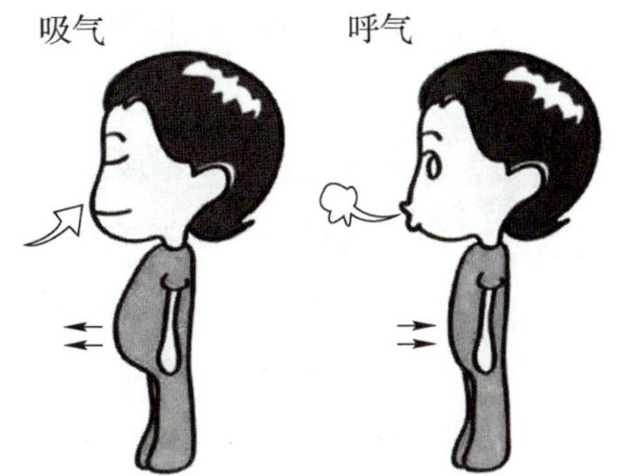

延长呼吸控制时间练习的要领：先学会蓄气，再压一下气，把废气排出；然后像闻花香一样，自然松畅地深吸气，吸得要足；接着气沉丹田，慢慢地放松胸肋，使气慢慢呼出，呼得要均匀，且呼气时间越长越好。我们可以使用以下三种方法进行练习，并反复练习 4～6 次。

（1）“数数”练习。用一口气轻声快速地数“1、2、3、4、5、6、7……”，数到这口气气尽为止，看看能数多少个数字。

（2）“数枣”练习。轻声念“出东门过大桥，大桥底下一树枣，拿竹竿去打枣，青的多红的少（吸足气），一个枣、两个枣、三个枣……”，念到这口气气尽为止，看看能数多少个枣。

（3）“数葫芦”练习。轻声念“金葫芦，银葫芦，一口气数不了 24 个葫芦（吸足气），一个葫芦、两个葫芦、三个葫芦……”，念到这口气气尽为止，看看能数多少个葫芦。

“数数”“数枣”“数葫芦”的练习，有助于更好地控制呼吸。反复练习可以使自身的呼吸控制能力逐渐增强。

3）四声的用气练习

在练习四声的用气时，注意发音要准确，出字要有力，咬住字头，拉开字腹，收住字尾，声音连贯，气息控制自如。四声的用气要领如下。

阴平高而平，发音时的感觉就像站在山顶；

阳平取中而升，发音时的感觉就像上楼梯；

上声先降而后升，降时要托住气，升时的感觉就像上楼梯；

去声先升而后降到底，发音时的感觉就像托住气、下楼梯。

（1）单音节字词声调组合练习。

巴　拔　把　爸
搭　达　打　大
飞　肥　匪　费
些　鞋　写　谢
出　除　杵　处
汪　王　往　忘

（2）四音节词语声调组合练习。

① 顺序组合——阴、阳、上、去。

兵强马壮	阶级友爱	知情感义	山穷水尽	山盟海誓
心怀叵测	心直口快	心明眼亮	瓜田李下	光明磊落
妖魔鬼怪	优柔寡断	安常处顺	阴谋诡计	花团锦簇
鸡鸣狗盗	鸡鸣犬吠	妻离子散	呼朋引类	金迷纸醉
积年累月	孤云野鹤	孤行己见	轻裘缓带	胸无点墨
高文典册	膏粱子弟	飞檐走壁	窗明几净	思前想后
身强体健	雕虫小技	幡然悔悟	翻然改进	中国伟大

② 逆序组合——去、上、阳、阴。

逆水行舟	众寡悬殊	热火朝天	兔死狐悲	驷马难追
信以为真	背井离乡	遍体鳞伤	步履维艰	万古流芳
倒果为因	地广人稀	耀武扬威	奋起直追	叫苦连天
救死扶伤	具体而微	刻骨铭心	量体裁衣	镂骨铭心
墨守成规	木已成舟	暮鼓晨钟	弄假成真	象齿焚身
袖手旁观	剩水残山	视死如归	四海为家	痛改前非

读一读

颠倒歌

太阳从西往东落，听我唱个颠倒歌。天上打雷没有响，地下石头滚上坡；江里骆驼会下蛋，山里鲤鱼搭成窝；腊月苦热直流汗，六月暴冷打哆嗦；姐在房中手梳头，门外口袋把驴驮。

连念七遍就聪明

天上七颗星，地下七块冰，树上七只鹰，梁上七根钉，台上七盏灯。呼噜呼噜扇灭七盏灯，嗳唷嗳唷拔掉七根钉，呀嘘呀嘘赶走七只鹰，抬起一脚踢碎七块冰，飞来乌云盖没七颗星。一连念七遍就聪明。

2. 口腔控制练习

口腔是人类语音的制造厂，口腔控制是播音员发声训练的重要环节，讲究口腔控制实际上就是讲究吐字。“字正腔圆”是对播音员吐字的基本要求和衡量标准。播音员在播音时应该使口腔保持良好的状态，发音时尽量打开口腔，以使声音准确规范、清晰流畅、圆

润集中。口腔控制练习主要是通过提起颧（quán）肌、打开牙关、挺起软腭和放松下巴来实现的，如图 3-1 所示。

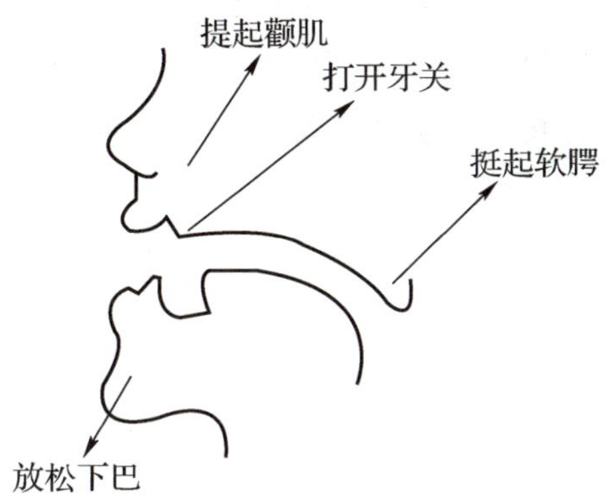

图 3-1　口腔控制练习示意图

1）提起颧肌

从上唇到颧骨的肌肉称为颧肌。发音时，提起颧肌，好像兴奋地要唱的感觉，又好像要笑的感觉。此时，颧肌微微有收紧的感觉，鼻孔也随之变大，唇齿相依，这种状态可以使吐字更加清晰。我们可以通过上唇紧贴上齿，同时做抬头张嘴的动作进行提起颧肌的练习。

2）打开牙关

打开牙关会使舌头活动的范围增大，这样既有利于清晰地发出字音，也给声音增添了明亮、刚劲的色彩。我们可以通过模仿啃苹果或将枣核竖立含在上下齿之间，进行打开的练习。

3）挺起软腭

挺起软腭，即使软腭向上用力，这个动作可以使口腔后部空间加大，避免气流过多地灌入鼻腔而造成浓重的鼻音。我们可以通过做半打哈欠的动作来进行挺起软腭的练习。

4）放松下巴

在吐字发音的过程中，下巴要向内微收，处于放松的状态。放松下巴是打开口腔的关键，如果刻意将打开口腔的着力点放在下巴上，就会导致喉部紧张、发音费力、口型不自然，以致声音变得难听，人显得很“傻气”。因此，无论从形象上看，还是从声音效果上讲，下巴的大幅度活动是绝对要避免的。我们可以通过做甩下巴的动作来进行放松下巴的练习。

小贴士

在进行口腔控制的练习过程中，要注意口腔力量的集中：唇部力量集中于唇部中央三分之一处；舌头力量集中于舌头的中线上（舌尖的力量是重点）；硬腭力量集中于硬腭的中线上。在播音过程中，如果唇部、舌头及硬腭的力量集中，那么声音就集中；如果这些力量分散了，那么声音也就散了。

诗词之美

题菊花

［唐］黄巢

飒飒西风满院栽，蕊寒香冷蝶难来。
他年我若为青帝，报与桃花一处开。

浪淘沙

［唐］刘禹锡

九曲黄河万里沙，浪淘风簸自天涯。
如今直上银河去，同到牵牛织女家。

3. 喉部控制练习

喉俗称嗓子，是声音产生的源头。喉部控制练习就是嗓音练习，包括音高练习、音强练习、音色练习和音长练习。

1）音高练习

（1）螺旋式上绕、下绕练习。

螺旋式上绕、下绕练习的要领：用 i 音进行练习，首先从说话的自然音高中的某个音开始，持续发音，并逐渐以螺旋式上绕，向高音扩展；然后再由刚才所达到的高音逐渐以螺旋式下绕，循序渐进，不断练习。

（2）阶梯式升高、降低练习。

阶梯式升高、降低练习的要领：用 a 或 e 音进行练习，首先从说话的自然音高中的某个音开始，一次次地接连发音，按音节逐次以阶梯式升高或降低。

（3）上滑音、下滑音练习。

上滑音、下滑音练习的要领：用 i 音进行练习，先使音高上滑至接近自己的高音极限，

再下滑至接近自己的低音极限。另外，在该练习中要注意控制气息，发高音、低音时要循序渐进，适当控制，避免损伤喉部。

2）音强练习

音强练习是为了增强对音量大小的控制能力，使音量有层次性变化。在进行音强练习时，可以根据听众的人数、交流的距离，采用相应的音量。另外，无论是在发强音时，还是在发弱音时，都要加强呼吸的控制，以保证发声的质量。我们可以使用格律诗进行练习。

示例

凉州词

［唐］王之涣

黄河远上白云间，一片孤城万仞山。

羌笛何须怨杨柳，春风不度玉门关。

3）音色练习

播音的对象和稿件内容等存在差异，因此要求播音员的音色也不同，不能千人一面、千篇一律。音色的变化主要表现为虚实的变化，其中实声是指声带紧密靠拢时发出的声音；虚声是指声带较为松弛，声门适度开启时发出的声音。播音发声是以“以实为主，虚实结合”为基本音色的，所有播音音色的变化都是在此基础上形成的。这种“以实为主，虚实结合”的音色，会使听众感到饱满而不生硬，柔和而不虚空。

对于音色的练习，播音员要先体会声带的活动状态，找到正确的感觉，然后再通过音色对比练习和音色连续变化练习来增强声带对音色变化的控制能力。

（1）体会声带的活动状态。

我们可以通过发气泡音、带疑问色彩的 m 音来体会声带的活动状态。

① 气泡音的发音要领：首先声门闭合，气流通过喉部将闭合的声带从中间部分吹出一个小洞，发出的声音好似一连串的气泡，然后两侧的声带相互靠拢，声音就会变得明亮。气泡音练习既可以用于发声前的准备活动，又可以用于发声后的嗓音恢复。

② 带疑问色彩的 m 音的发音要领：声门先闭合，再迅速打开。闭口发音时的音色会由明亮迅速转为暗淡，音高也会由低变高，通过这整个过程可以体会声门由闭到开的变化过程。

（2）音色对比练习。

在进行音色对比练习时，首先要在音高、音量比较自然和适度的情况下，发出实声的长音，然后在保持该状态不变，且带有少许回音感的情况下再次发音。

示例

单元音对比练习

a（实）—a（虚）　　a（虚）—a（实）

i（实）—i（虚）　　i（虚）—i（实）

词语对比练习

啊（实）—啊（虚）　　啊（虚）—啊（实）

大海（实）—大海（虚）　　大海（虚）—大海（实）

（3）音色连续变化练习。

① 音色由实到虚。首先吸一口气，然后屏住气，使声门处于关闭状态，此时声音洪亮，在逐渐打开声门时，声音也会发生由明亮到柔和的变化。

示例

a（实）—实虚→a（虚）　　i（实）—实虚→i（虚）

② 音色由虚到实。首先吸一口气，保持吸气时喉部的状态，然后使声音逐步发生由柔和到明亮的变化，声门由打开逐渐转为关闭。

示例

a（虚）—虚实→a（实）　　i（虚）—虚实→i（实）

小贴士

实声和虚声相结合会起到不同的表达效果：实声饱满明亮，富有力度，通常用于朴实的叙述；虚声委婉柔和，有明显的气息变化，更加适用于发自内心的情感表达。

4）音长练习

在进行音长练习时，可以由较低的速度开始，然后逐渐加快。在这个过程中气息、吐字要配合好，以使气息通畅、吐字清晰。同时，在练习的过程中，还要加强声音长短的控制，并体会其变化。我们可以使用不同倍速的播音分别进行练习。

示例

沁园春・雪

毛泽东

北国风光，千里冰封，万里雪飘。望长城内外，惟余莽莽；大河上下，顿失滔滔。山舞银蛇，原驰蜡象，欲与天公试比高。须晴日，看红装素裹，分外妖娆。

江山如此多娇，引无数英雄竞折腰。惜秦皇汉武，略输文采；唐宗宋祖，稍逊风骚。一代天骄，成吉思汗，只识弯弓射大雕。俱往矣，数风流人物，还看今朝。

3.1.2　播音表达外部技巧训练

播音员在将文字稿件转化为有声语言时，首先需要对文字稿件有充分的认识和理解，然后利用播音表达的外部技巧，将其转化为有声语言呈现给人们。其中，播音表达外部技巧主要体现在重音、停连、语气、节奏 4 个方面，如图 3-2 所示。

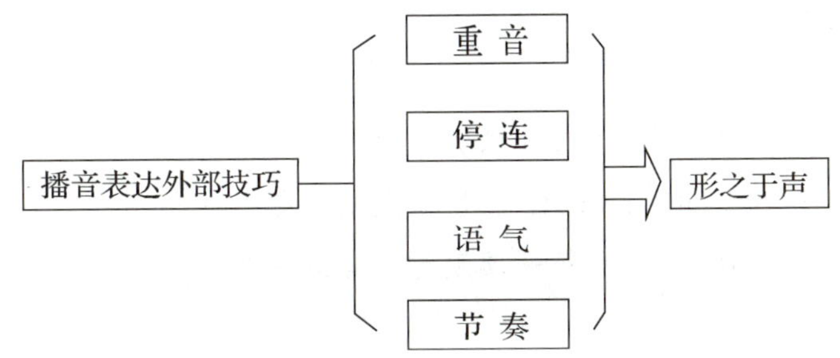

图 3-2　播音表达外部技巧

1. 重音练习

1）重音的含义

重音是指在播音过程中为了突出主题、表达思想、抒发情感，而对句子中的某些词或短语加以突出强调的音。它可分为语法重音和强调重音两种：语法重音的位置较为固定，一般谓语、疑问代词、指示代词等都要重读，如“他走了”“谁来了”“这不怪你”；而强调重音没有固定的位置，是根据播音的内容和需要来确定的。

2）重音的练习

练习时，要找准重音，并用合适的力度表达，这样可以突出语句重点，把语意表达得更加准确鲜明，感情表达得更加充沛。重音位置不同，语意会随之发生变化。

示例

（1）我知道你会这样做的。（别人不知道）

（2）我知道你会这样做的。（不要以为我不知道）

（3）我知道你会这样做的。（别人不会）

（4）我知道你会这样做的。（你怎么能说自己不会）

（5）我知道你会这样做的。（你不会那样）

（6）我知道你会这样做的。（不仅仅是说说而已）

2. 停连练习

1）停连的含义

停连是指播音过程中声音的停和连。它既可以显示语法结构，又可以清晰地表达语意、传达感情。停连的作用表现在许多方面：有的可以强调重点，使目的鲜明；有的可以造成转折、呼应，使逻辑严密。停连常常和其他技巧一起为表达服务。

2）停连的练习

练习时，必须要找准停连的位置，还要注意停顿不宜过多，否则就会影响播音的整体效果，使其支离破碎。

示例

（1）最贵的一项值两千元。（没有顿歇，语意不清）

（2）最贵的 / 一项 / 值 / 两千元。（顿歇太多，支离破碎）

（3）最贵的一项 / 值两千元。（一项最贵，其余便宜）

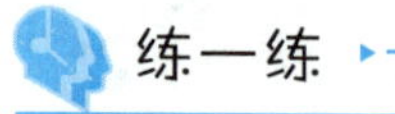

练一练

请大家依照下面的句子进行练习，并感受一下不同位置的停连效果。

（1）他喜欢我也喜欢你怎么办？

① 他喜欢我 / 也喜欢你 / 怎么办？

② 他喜欢 / 我也喜欢 / 你怎么办？

③ 他喜欢 / 我也喜欢你 / 怎么办？

（2）杀他不得留！

① 杀他 / 不得留！

② 杀他不得 / 留！

3. 语气练习

1）语气的含义

语气是指在一定思想感情的支配下，语句的声音形式。每个语句的含义不同，语言环境不同，因此每个语句必然具有自己的感情色彩和分量，表现为千差万别的声音形式。

2）语气的练习

语气主要包括喜、悲、爱、憎、急、冷、惧、怒、疑、欲等，其一般规律如下。

喜则气满声高，悲则气沉声缓，

爱则气缓声柔，憎则气足声硬，

急则气短声促，冷则气少声淡，
惧则气提声抖，怒则气粗声重，
疑则气细声黏，欲则气多声放。

示例

（1）啊！我们终于胜利了。（喜）

（2）唉！太惨了。（悲）

（3）我爱妈妈。（爱）

（4）我恨你。（憎）

（5）不好了！不好了！月亮掉到井里了。（急）

（6）啊，我早就知道了。（冷）

（7）我，我再也不敢了。（惧）

（8）你给我滚！（怒）

（9）你真的没有去过？（疑）

（10）我要征服全世界！（欲）

4. 节奏练习

1）节奏的含义

节奏是一种有声语言运动形式。在播音中，节奏是指从全篇稿件出发，以思想感情运动为依据所表现出的抑扬顿挫、轻重缓急的声音形式。节奏主要包括低沉型、凝重型、紧张型、舒缓型、轻快型、高亢型等类型。

2）节奏的练习

在进行节奏练习时，我们可以通过以下 3 个技巧来把握好节奏：一是要有快慢之分；二是要快慢交替进行；三是要根据材料的内容，分清并把握好节奏的起伏、强弱。针对不同类型的节奏，我们可以进行如下练习。

（1）低沉型：语调低沉，声音沉痛，停顿多且时间长，音色偏暗，语速较慢。

示例

秋天的怀念（节选）

史铁生

双腿瘫痪后，我的脾气变得暴怒无常。望着望着天上北归的雁阵，我会突然把面前的玻璃砸碎；听着听着李谷一甜美的歌声，我会猛地把手边的东西摔向四周的墙壁。母亲就悄悄地躲出去，在我看不见的地方偷偷地听着我的动静。当一切恢复沉寂，她又悄悄地进来，眼边红红的，看着我。

（2）凝重型：语调多抑少扬，语音多重少轻，语句多停少连，语速偏慢。

示例

草地夜行（节选）

王愿坚

茫茫的草海，一眼望不到边。大队人马已经过去了，留下一条踩得稀烂的路，一直伸向远方。干粮早就吃光了，皮带也煮着吃了。我空着肚子，拖着两条僵硬的腿，一步一挨地向前走着。背上的枪和子弹就像一座山似的，压得我喘不过气来。唉，就是在这稀泥地上躺一会儿也好啊！

（3）紧张型：语调多扬少抑，语音多重少轻，语气强而短促，语速较快。

示例

最后一次讲演（节选）

闻一多

反动派暗杀李先生的消息传出以后，大家听了都悲愤痛恨。我心里想，这些无耻的东西，不知他们是怎么想法，他们的心理是什么状态，他们的心怎样长的！（捶击桌子）其实很简单，他们这样疯狂地来制造恐怖，正是他们自己在慌啊！在害怕啊！所以他们制造恐怖，其实是他们自己在恐怖啊！特务们，你们想想，你们还有几天？你们完了，快完了！你们以为打伤几个，杀死几个，就可以了事，就可以把人民吓倒了吗？其实广大的人民是打不尽的，杀不完的！要是这样可以的话，世界上早没有人了。

（4）舒缓型：语调多扬，语音多轻少重，气息畅达，声音明亮轻柔，语速缓慢。

示例

济南的冬天（节选）

老舍

那水呢，不但不结冰，倒反在绿萍上冒着点热气，水藻真绿，把终年贮蓄的绿色全拿出来了。天儿越晴，水藻越绿，就凭这些绿的精神，水也不忍得冻上，况且那些长枝的垂柳还要在水里照个影儿呢！看吧，由澄清的河水慢慢往上看吧，空中，半空中，天上，自上而下全是那么清亮，那么蓝汪汪的，整个的是块空灵的蓝水晶。这块水晶里，包着红屋顶、黄草山，像地毯上的小团花的小灰色树影。这就是冬天的济南。

（5）轻快型：语调多扬少抑，语音多轻少重，语句多连少停，语速较快。

示例

春（节选）

朱自清

桃树、杏树、梨树，你不让我，我不让你，都开满了花赶趟儿。红的像火，粉的像霞，白的像雪。花里带着甜味儿；闭了眼，树上仿佛已经满是桃儿、杏儿、梨儿。花下成千成百的蜜蜂嗡嗡地闹着，大小的蝴蝶飞来飞去。野花遍地是：杂样儿，有名字的，没名字的，散在草丛里，像眼睛，像星星，还眨呀眨的。

（6）高亢型：语调高扬，声音响亮，语句连贯，语流畅达。

示例

白杨礼赞（节选）

茅盾

那是力争上游的一种树，笔直的干，笔直的枝。它的干通常是丈把高，像加过人工似的，一丈以内绝无旁枝。它所有的丫枝一律向上，而且紧紧靠拢，也像加过人工似的，成为一束，绝不旁逸斜出；它的宽大的叶子也是片片向上，几乎没有斜生的，更不用说倒垂了；它的皮光滑而有银色的晕圈，微微泛出淡青色。这是虽在北方风雪的压迫下却保持着倔强挺立的一种树！哪怕只有碗那样粗细，它却努力向上发展，高到丈许，两丈，参天耸立，不折不挠，对抗着西北风。

3.1.3 播音表达内部技巧训练

播音表达内部技巧主要体现在情景再现、内在语、对象感 3 个方面，如图 3-3 所示。

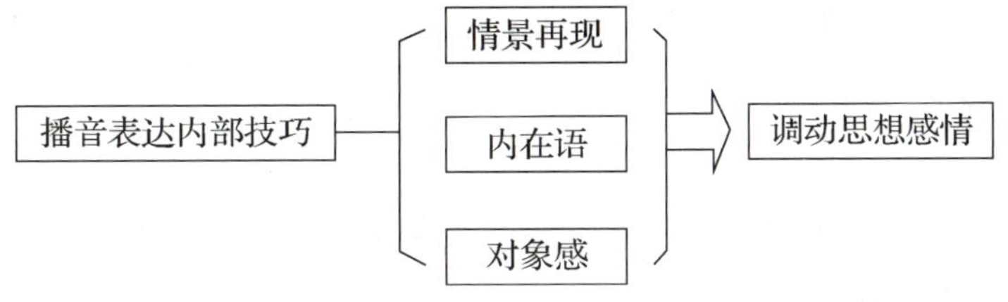

图 3-3 播音表达内部技巧

1. 情景再现练习

1）情景再现的含义

情景再现是播音员以稿件为依据，展开想象，使稿件中的人物、事件、情节等在脑海中不断浮现，形成连续活动的画面，并不断引发相关情感的过程。它是播音员在播音创作中调动思想感情，使之处于运动状态的重要手段。

2）情景再现的过程

情景再现的过程主要分为四步：理清头绪、设身处地、触景生情、画面再现。

（1）理清头绪。

播音员在分析稿件时，首先要在头脑中理清连续活动画面的开头是什么，接下来是怎么变化的，以后又是怎样发展的，结果是怎样的，哪里是重点的特写镜头。对于这些问题，播音员要做到心中有数，不能只是走过场，更不能思绪万千，将自己困在其中。

（2）设身处地。

设身处地就是播音员在播音时将自己融入其中，并获得一种现场感。换句话说，就是播音员要把稿件中所描述的一切当作亲眼所见、亲耳所闻、亲身经历的事件，使自己犹如置身在具体的情景中，这样才能使播音表达更加具有真实感。

（3）触景生情。

触景生情是情景再现的核心。播音所用的稿件是融情于景的，播音员在播音中应具备积极的反应，即在毫无准备的情况下，对于一个具体的“景”的刺激，能马上引出具体的“情”，且完全符合稿件的要求。

（4）画面再现。

播音员在头脑中再现了稿件中的情景，并经过消化吸收和加工制作，最终使听众在头脑中产生某种情景，并从中受到感染。

3）情景再现的练习

在情景再现练习中，要保持想象，并加强感受力，将自身与稿件中的情景融合，这样才能使语言更加有活力。

示例

（1）“呜——”随着一声嘹亮的汽笛声，火车徐徐离开了月台。

（2）招聘现场人山人海，每个人脸上都写满了期待，拿着厚厚一沓简历寻找适合自己的工作岗位。

（3）锅里的水吱吱地响，老大娘里屋外屋地忙，烧完热水，又端饺子又端鸡蛋，香味儿伴着腾腾的热气在屋里弥漫。

（4）唐代诗人白居易的《阴雨》：

岚雾今朝重，江山此地深。
滩声秋更急，峡气晓多阴。
望阙云遮眼，思乡雨滴心。
将何慰幽独，赖此北窗琴。

2. 内在语练习

1）内在语的含义

内在语是指在播音中不便表露、不能表露或没有完全表露出来的语句关系或语句本质。日常生活中所说的“话中有话”和“弦外之音”指的就是内在语。在朗诵、戏剧表演中，内在语也称为“潜台词”。

2）内在语的作用

（1）内在语的作用之一就是揭示语句本质。

语句本质是指语句在具体的语言环境中深层的内在含义。理解语句时要从语句的表层含义和内在含义两方面入手。语句的表层含义并非无足轻重，播音员要结合上下文的语境来分析，从语句的表层含义来确定语句本质。

（2）内在语的另一个作用就是揭示语言链条。

语言链条是指语句间的逻辑关系。揭示语言链条就是要弄清楚句与句、段与段、层次与层次之间是如何衔接成一个有机整体的。对于那些在播音稿件中不太贯通，需要在段落间做衔接，或者需要引起听众注意，引发其思考的地方，播音员要学会运用内在语来贯通、衔接或铺垫，从而达到一种一气呵成、浑然一体的效果。

3）内在语的练习

内在语主要包括发语性内在语、寓意性内在语、关联性内在语、提示性内在语、回味性内在语、反语性内在语等类型，具体练习如下。

示例

发语性内在语

（青少年朋友，俗话说）少壮不努力，老大徒伤悲。

寓意性内在语

热恋中的男友向姑娘深情地说“你真傻”，其实就是说“你真好”“你真可爱”。

关联性内在语

她打了个寒颤，（虽然）风又掀起了她的衣襟，（但是）这次她没有去拉。

提示性内在语

（1）听众朋友们，最近有一件事传遍了古城西安，（什么事呢？）一位居民提着一口有毛病的铁锅找到市政府，要求帮助退换。

（2）砰的一声，张某一脚踢开炊事班的门。（怎么回事？）

（3）我接过来一看，（可不是嘛！）横是横，竖是竖，补得就是不错！

（4）按目前的生产进度，今年的总产量将达到100万台。（真了不起！）

回味性内在语

（1）这幅画一直挂在我的书桌前，多年来不曾换掉，因为我需要它。（它常常督促我向上。）

（2）虽说现在生活好了，可离小康水平还差得远呢。咱们能只顾眼前享乐，忘了大目标吗？（您说是不是，听众朋友？）

反语性内在语

某演员在拍摄“吃大餐”的戏时说：“导演，戏里吃的是神户牛肉，要是把模型换成真神户牛肉，我就更容易找到感觉，表演效果会更逼真。”导演说：“可以呀，下一场还有服毒自杀吃砒霜的戏呢！”（同意是假，否定是真。）

跃跃欲试

请分别写出下列三句话所包含的内在语。

（1）这事你不说，他不知道。

（2）看看你干的好事！

（3）这哪是我的课本，是我同桌的课本啊！

【提示】

（1）内在语是“你不要告诉他”。

（2）内在语是“你把事情搞得糟糕透了”。

（3）内在语是“你弄错了”。

3. 对象感练习

1）对象感的含义

对象感是指在播音过程中播音员要对听众进行具体的设想，从感觉上把握听众的存在，并时时与播音对象有思想感情的交流、呼应。播音员在播音时必须在“目中无人”的条件下，努力做到“心中有人”。

2）对象感的作用

（1）影响播音愿望。

从根本上讲，播音愿望是转告人、说服人、回答人等的一种愿望。播音对象是激发播音员播音愿望的重要因素之一。如果播音员了解并熟知播音对象，也很清楚播音对象需要的内容，其播音愿望就会更加强烈；反之，其播音愿望就不会强烈。

（2）影响思想感情的运动状态。

对象感是影响播音员思想感情运动的决定因素，它可以使播音员的思想感情更加强烈、更加充沛、更加具体，自始至终处于积极的运动状态。

（3）影响播音的亲切感。

亲切感主要来自对象感。当面交谈时总是比较亲切的，为什么播起音来会不亲切呢？这主要是因为缺乏对象感。心中无对象，就很难亲切起来。

（4）影响表达方式。

对于同一内容、不同的播音对象，应该采用不同的表达方式来播音，这样才会产生好的传播效果。例如，同一消息，对成年人要采用标准的播音方式；对小朋友就可以采用更加通俗易懂的播音方式。

【典型案例 3-1】

作为一名电视节目主持人，要想把现场的感受有效传达给电视机前的观众，就必须具有很强的对象感。朗读下面的内容来体会播音过程中的对象感。

“这是《直播中国》的第一期节目，我们在平遥问您早上好。现在呀，天已经亮了，我想在我们国家的东北，天早就大亮了；现在西部呢，天可能才蒙蒙亮。尽管我们相隔千里，但是感受却是同步的，这就是直播。在我看到的时候呢，您同时也看到了；在我听到的时候，您同时也听到了。要是可能的话呢，此刻我真想把这种抚摸的感觉也传达给您。”

案例分析：

主持人以饱满的热情，同电视机前的观众进行了开场前的隔屏交流。在主持《直播中国》节目的过程中，主持人设想电视机前的观众就在节目现场，并与其交流。这种感受使主持人的播音愿望更加强烈，节目的效果也更加好。

3）对象感的练习

在进行对象感练习时，对象感要贯穿始终，可以时隐时现，但不能时有时无，而且要依据稿件中对象感的位置适当调整语气，不要一成不变，这样才能与听众“交流”起来，

达到好的传播效果。

示例

我是个不关心大事的人（节选）

海桑

算了吧，不要颂扬，不要歌唱
你好好坐下来给我说说
说些我能听懂的——
比如今年又是北旱南涝
比如油价昨天又涨了一毛
说些我能想到的——
比如今天可能有雨，明天你要结婚
比如奶奶的病已经没法治好
再说些简单的事情，不大不小——
比如草青水净，可以钓鱼
比如你正在努力读书
村里的小麦长势很好
我是个不关心大事的人
我真的没有时间，我真的没有兴趣
我只是喝两杯便宜的酒
写几篇会飞的诗
你志在高远，你就去吧
我不会搬家，出门也走不远
你只要那么喊一声，我就能听见

3.1.4 播音表达声音弹性训练

声音弹性是指播音时声音对人们思想感情变化的适应能力，即声音随着感情的变化而表现出的伸缩性和可变性。若适应能力强，则声音弹性好；若适应能力弱，则声音弹性差。

声音弹性

1. 声音弹性的表现特点

要了解声音的弹性，首先需要明晰声音弹性的表现特点，具体内容如下。

（1）可变性。如果声音没有了变化，就会丧失弹性，缺乏魅力。最能体现声音可变性的就是气息状态和音色的变化。

（2）对比性。声音弹性是通过相互比较才显现出来的，如气息的深浅，声音的高低，气息与声音的收与放等。

（3）层次性。在上述每种对比中，声音的变化又呈现出层次性。声音弹性越好，声音层次性表现得越细致。

（4）复合性。声音弹性不是通过单项比较的形式来展现的，而是通过比较不同项目的复合形式来展现的，从而形成了各种各样的音色。

2. 获得声音弹性的技巧

（1）思想感情的运动是获得声音弹性的内在依据。声音弹性训练需要在一定的语境中进行，这样才能使声音随着感情的变化而变化，进而达到好的播音效果。

（2）要使声音富有弹性，必须使气息随感情运动。这是因为气息是发声的动力，是由情及声的桥梁。

（3）提高发声能力，这样有利于声音弹性的加强。

（4）在发声的各个环节中，对发声的调节、控制都要留有余地，这样才更有利于声音弹性的表现。

3. 声音弹性对比训练

声音弹性对比训练包括高与低、强与弱、明与暗、快与慢、厚与薄、粗与细等的练习。

1）高低对比练习

高与低是指在播音员自身音域范围内音调的高和低。

示例

（1）（高）对面是高耸入云的大山，（低）脚下是波涛汹涌的急流。

（2）（低）乌云越来越暗，越来越低，向海面直压下来，（高）而波浪一边唱歌，一边冲向高空，去迎接那雷声。

（3）（高）床前明月光，（次高）疑是地上霜。（次低）举头望明月，（低）低头思故乡。

（4）（低）它轻轻扇动翅膀飞起来，（高）越飞越高，（更高）越飞越高。

2）强弱对比练习

强与弱是指声音有层次地由弱到强。

示例

（1）（弱）假如我是一束阳光，（强）我愿发出强烈的光热；（弱）假如我是一滴清泉，

（强）我愿解除大地的干渴。

（2）（弱）河对岸传来热情的呼喊：（强）“张——老——师！”

（3）（弱）他暗自下定决心：（强）“我决不能那样做！”

3）明暗对比练习

明与暗是指声音明朗与声音偏暗，具体如下。

（1）提起颧肌，口腔内声音的冲击点较为集中、靠前，声音明朗。

示例

天山景物记（节选）

碧野

进入天山，戈壁滩上的炎暑就远远地被撇在后边，迎面送来的雪山寒气，立刻会使你感到像秋天似的凉爽。蓝天衬着高矗的巨大的雪峰，在太阳下，几块白云在雪峰间投下云影，就像白缎上绣上了几朵银灰的暗花。那融化的雪水，从高悬的山涧、从峭壁断崖上飞泻下来，像千百条闪耀的银链。这飞泻下来的雪水，在山脚汇成冲激的溪流，浪花往上抛，形成千万朵盛开的白莲。可是每到水势缓慢的洄水涡，却有鱼儿在跳跃。当这个时候，饮马溪边，你坐在马鞍上，就可以俯视那阳光透射到的清澈的水底，在五彩斑斓的水石间，鱼群闪闪的鳞光映着雪水清流，给寂静的天山添上了无限生机。

（2）呼吸沉重且缓慢，两颊放松，口腔内声音的冲击点较为松散、靠后，声音偏暗。

示例

为了忘却的记念（节选）

鲁迅

他的心情并未改变，想学德文，更加努力；也仍在记念我，像在马路上行走时候一般。但他信里有些话是错误的，政治犯而上镣，并非从他们开始，但他向来看得官场还太高，以为文明至今，到他们才开始了严酷。其实是不然的。果然，第二封信就很不同，措词非常惨苦，且说冯女士的面目都浮肿了，可惜我没有抄下这封信。其时传说也更加纷繁，说他可以赎出的也有，说他已经解往南京的也有，毫无确信；而用函电来探问我的消息的也多起来，连母亲在北京也急得生病了，我只得一一发信去更正，这样的大约有二十天。

4）快慢对比练习

快与慢是指发音速度的快慢，发音的快慢可以影响声音的节奏。发音缓慢给人松弛、平和之感；发音快速给人匆忙、紧张之感。

示例

（1）（慢）他慢慢站起来，轻轻掸了掸身上的土，缓慢朝村边的树林走去。

（2）（快）他赶紧躲向路边，但飞驰而过的汽车还是溅起无数泥点打在他身上。

（3）（慢）一望无际的草原上，只有羊群在静静地吃着草。（渐快）突然，天边出现一团乌云。紧接着，雷声大作，雨点噼里啪啦地掉了下来。

5）厚薄、粗细对比练习

厚与薄、粗与细两组之间虽然是有区别的，但是在发声时又是相互连接的，通常厚与粗相连，薄与细相连，因此可以放在一起进行练习。气息深，声音厚、粗；气息浅，声音薄、细。

示例

兵车行（节选）

杜甫

车辚辚，马萧萧，行人弓箭各在腰。耶娘妻子走相送，尘埃不见咸阳桥。牵衣顿足拦道哭，哭声直上干云霄。道旁过者问行人，行人但云点行频。或从十五北防河，便至四十西营田。去时里正与裹头，归来头白还戍边。边庭流血成海水，武皇开边意未已。君不闻，汉家山东二百州，千村万落生荆杞。

拓展提高

发音吐字是播音员必须修炼的一项基本功。播音员发音吐字的综合感觉可以概括如下：

气息下沉，喉部放松，不僵不挤，声音贯通，
字音轻弹，如珠如流，气随情动，声随情走。

任务实施——播音发声比赛

1. 任务描述

全班学生分组，进行播音发声比赛。

2. 任务目标

（1）掌握播音发声的技巧。

（2）能够分析自己在播音发声中存在的问题，力求使自己的发音准确、规范。

3. 实施步骤

（1）分组。首先从全班学生中选出 1 名主持人和 3 名计分员，分别负责主持和计分工作；然后将余下学生分成若干组（每组 4～6 人），每组选出 1 名组长。

（2）准备比赛。教师组织所有小组进行比赛，比赛顺序由各小组现场抽签决定。

（3）第 1 轮比赛——播音发声技巧比拼：给出 3 份不同的节选内容（参考如下），随机指定各组内 3 名组员朗读。要求每人在 3 分钟内读完 1 段节选内容。

海燕（节选）

高尔基

在苍茫的大海上，狂风卷集着乌云。在乌云和大海之间，海燕像黑色的闪电，在高傲地飞翔。

一会儿翅膀碰着波浪，一会儿箭一般地直冲向乌云，它叫喊着，——就在这鸟儿勇敢的叫喊声里，乌云听出了欢乐。

在这叫喊声里——充满着对暴风雨的渴望！在这叫喊声里，乌云听出了愤怒的力量、热情的火焰和胜利的信心。

海鸥在暴风雨来临之前呻吟着，——呻吟着，它们在大海上飞窜，想把自己对暴风雨的恐惧，掩藏到大海深处。

海鸭也在呻吟着，——它们这些海鸭啊，享受不了生活的战斗的欢乐：轰隆隆的雷声就把它们吓坏了。

蠢笨的企鹅，胆怯地把肥胖的身体躲藏到悬崖底下……只有那高傲的海燕，勇敢地，自由自在地，在泛起白沫的大海上飞翔！

乌云越来越暗，越来越低，向海面直压下来，而波浪一边歌唱，一边冲向高空，去迎接那雷声。

相信未来（节选）

食指

我之所以坚定地相信未来，
是我相信未来人们的眼睛——
她有拨开历史风尘的睫毛，
她有看透岁月篇章的瞳孔。

不管人们对于我们腐烂的皮肉，
那些迷途的惆怅，失败的苦痛，

是寄予感动的热泪，深切的同情，
还是给以轻蔑的微笑，辛辣的嘲讽。

我坚信人们对于我们的脊骨，
那无数次的探索、迷途、失败和成功，
一定会给予热情、客观、公正的评定，
是的，我焦急地等待着他们的评定。

朋友，坚定地相信未来吧，
相信不屈不挠的努力，
相信战胜死亡的年轻，
相信未来，热爱生命。

住的梦（节选）

老舍

夏天，我想青城山应当算作最理想的地方。在那里，我虽然只住过十天，可是它的幽静已拴住了我的心灵。在我所看见过的山水中，只有这里没有使我失望。它并没有什么奇峰或巨瀑，也没有多少古寺与胜迹，可是，它的那一片绿色已足使我感到这是仙人所应住的地方了。到处都是绿，而且都是象嫩柳那么淡，竹叶那么亮，蕉叶那么润，目之所及，那片淡而光润的绿色都在轻轻的颤动，仿佛要流入空中与心中去似的。这个绿色会象音乐似的，涤清了心中的万虑，山中有水，有茶，还有酒。早晚，即使在暑天，也须穿起毛衣。我想，在这里住一夏天，必能写出一部十万到二十万的小说。

假若青城去不成，求其次者才提到青岛。我在青岛住过三年，很喜爱它。不过，春夏之交，它有雾，虽然不很热，可是相当的湿闷。再说，一到夏天，游人来的很多，失去了海滨上的清静。美而不静便至少失去一半的美。最使我看不惯的是那些喝醉的外国水兵与差不多是裸体的、而没有曲线美的妓女。秋天，游人都走开，这地方反倒更可爱些。

（4）第二轮比赛——绕口令速读：教师给出 3 组难易程度不同的绕口令，学生根据小组内讨论结果，自行选择。每组选出 4 名组员，要求他们依次准确读出随机给出的 1 组绕口令（参考如下）。若 4 名组员在规定的时间内（如 1 分钟）全部准确读出，则成功，但如果中间有 1 个人出错，就要从第 1 个人重新开始读。

南边的哑巴和北边的喇嘛

打南边来了个哑巴，腰里别了个喇叭；打北边来了个喇嘛，手里提了个獭犸。提着獭犸的喇嘛要拿獭犸换别着喇叭的哑巴的喇叭；别着喇叭的哑巴不愿拿喇叭换提着獭犸

的喇嘛的獭犸。不知是别着喇叭的哑巴打了提着獭犸的喇嘛一喇叭；还是提着獭犸的喇嘛打了别着喇叭的哑巴一獭犸。喇嘛回家炖獭犸；哑巴嘀嘀哒哒吹喇叭。

八十八岁公公

八十八岁公公门前有八十八棵竹，八十八只八哥要到八十八岁公公门前的八十八棵竹上来借宿。八十八岁公公不许八十八只八哥到八十八棵竹上来借宿，八十八岁公公打发八十八个金弓银弹手去射杀八十八只八哥，不许八十八只八哥到八十八岁公公门前的八十八棵竹上来借宿。

司小四和史小世

司小四和史小世，四月十四日十四时四十上集市，司小四买了四十四斤四两西红柿，史小世买了十四斤四两细蚕丝。司小四要拿四十四斤四两西红柿换史小世十四斤四两细蚕丝。史小世十四斤四两细蚕丝不换司小四四十四斤四两西红柿。司小四说我四十四斤四两西红柿可以增加营养防近视，史小世说我十四斤四两细蚕丝可以织绸织缎又抽丝。

（5）比赛评比。计分员根据两轮比赛的情况，计算出各组分数，并填写在表 3-1 中。比赛设一等奖 1 名，二等奖 2 名，还可由全体学生投票选出“最佳团队奖”和“最佳个人奖”。教师可根据情况适当设置奖品。

表 3-1 评分标准

评价项目	评分标准	得 分
播音发声技巧比拼（60 分）	内容每错 1 处扣 1 分（40 分）	
	在规定时间内完成，每超出 5 秒扣 1 分，扣完 10 分为止（10 分）	
	团队配合程度（10 分）	
绕口令速读（40 分）	设置 3 个不同难度等级的绕口令，难 10 分，中 7 分，易 4 分（10 分）	
	内容每错 1 处扣 1 分（20 分）	
	在规定时间内完成，每超出 5 秒扣 1 分，扣完 5 分为止（5 分）	
	团队配合程度（5 分）	
合 计		

任务 3.2　高铁常用语播音训练

任务引入

播音员对播音技巧的运用，主要体现在语言的综合表达能力上。它要求播音员除了能够用标准的普通话，还要能够熟练使用播音技巧、掌握播音要求，并通过大量的播音训练来完成常用通告语、应急用语等一系列高铁播音。这种能力不仅能够体现高铁的服务水准，还会影响旅客对高铁服务的印象。

请思考：高铁播音的要求有哪些？高铁播音常用通告语和应急用语包括哪些？

相关知识

3.2.1　高铁播音的要求

高铁播音是指服务人员在高铁上通过广播设备进行信息传播的活动。高铁播音是对生活中口语的规范、提炼和升华，要求准确、亲切、自然、动听及感染力强等，具体可归纳为以下几点。

1. 发音准确、吐字清晰

播音时，要求发音准确，内容无误，吐字清晰流利。如果声音不清晰、不连贯，就会给人以含糊不清、吞吞吐吐的感觉，从而影响信息的传递。

2. 语速适宜、节奏流畅

高铁播音员（如图 3-4 所示）要抓住播音内容的特点，使语速适宜，缓急结合，节奏流畅和谐。如果语速过快，就会显得急促，旅客有可能会听不清楚；如果语速过慢，就会显得拖拖拉拉，旅客极有可能会听得心急。

图 3-4　高铁播音员

3. 语调轻重适宜

高铁播音员要根据旅客所需和当时的环境特点，分出轻重缓急，分清抑扬顿挫，依据不同的内容传达不同的思想感情。播音时，语调太重，会使旅客觉得服务人员的态度不好、服务质量差；语调太轻，会使旅客觉得服务人员不重视自己、没有礼貌。

3.2.2　常用通告语播音练习

1. 检票

检票的通告语一般为：“旅客们请注意，G××次列车已经开始检票，有乘坐本次列车的旅客请检票进站。进站后，不要在站台上奔跑，请按照车厢号排队，不要越过安全白线，注意安全。”

2. 列车始发前

列车始发前的通告语一般为：“女士们、先生们，列车就要开车了，站在车门附近的旅客，请到车厢里边按座位号就座，车门即将关闭，请不要倚靠车门，注意安全。”

3. 列车始发

列车始发的通告语一般为：“欢迎乘坐 G××次列车，我们全体乘务员将竭诚为您服

务，衷心祝愿大家旅行愉快、一路平安！”

4. 列车途中

（1）禁止吸烟的通告语一般为：“各位旅客你们好，本次列车全列禁烟，为了您和他人的安全，请不要在列车任何区域内吸烟，感谢您的配合。”（或“本次列车全列禁止吸烟，感谢您的配合”）

（2）途中预报站名的通告语一般为：“列车运行前方停车站为××站，正点到达××站的时间是××时××分，停车××分，下车的旅客请提前整理好行李物品，做好下车准备。”（或“列车马上到达××站，有下车的旅客，请做好下车准备，随身携带的行李物品请不要遗忘在车上”）

（3）到达途中××站前预报站名的通告语一般为：“××站就要到了，请您提前在车门处等候下车，列车在××站停车××分，下车时要注意列车与站台之间的空隙，注意安全。”

高铁列车上的播音

（4）途中提醒旅客看管好贵重物品的通告语一般为：“各位旅客，请看管好随身携带的贵重物品，防止丢失。”

（5）当列车晃动时，提醒旅客避免受伤的通告语一般为：“旅客们请注意，车辆在行驶中发生晃动，请您坐稳，以免受伤。”

（6）保持车厢整洁的通告语一般为：“为了保持车厢整洁，请不要将垃圾扔在通道内，车厢两端备有垃圾桶。”

5. 列车终到

列车终到的通告语一般为：“列车快要到达终点站××站了，请您提前整理好随身携带的行李物品。列车到站请按顺序下车，下车时请注意列车与站台之间的空隙，防止踏空摔伤。感谢您乘坐中国高铁旅行，期待与您再次相逢。”（或“各位旅客你们好，下站是本次列车的终点站，感谢大家一路上对我们工作的支持，欢迎您下次乘坐”）

6. 旅客出站

（1）提醒旅客尽快出站的通告语一般为：“到站的旅客，请您抓紧时间出站，请勿滞留在站台上。”

（2）提醒换乘旅客不要走错通道的通告语一般为：“需要换乘的旅客请根据站内标识，前往××通道换乘，出站的旅客请勿进入。”

（3）告知旅客逃票后果的通告语一般为：“逃票违法，请勿逃票。对不听劝阻、强行逃票者，将补收票款，并记入个人信用档案中。请勿以身试法。”

（4）出站口检票的通告语一般为：“旅客们请注意，请您把车票准备好，依次排队验票出站。携带大件行李物品的旅客请走宽通道。”

3.2.3 应急用语播音练习

高铁应急事件有很多，所涉及的应急用语相对来说也很多，在这里主要介绍列车晚点及晚点供餐、火灾疏散、换乘列车、救援连挂、疫情提示等的应急用语。

1. 列车晚点及晚点供餐

（1）列车晚点时的应急用语一般为：“旅客朋友们，大家好！我是本次列车的列车长，一些特殊原因造成了列车晚点。列车晚点给您带来诸多不便，我代表铁路运输企业向您表示诚挚的歉意！我们会随时通过广播向您通告晚点信息，敬请谅解。”

（2）晚点供餐的应急用语一般为：“旅客们，由于列车晚点给您带来不便，深表歉意！现在我们为大家准备了应急食品，将按顺序送餐，老人、儿童优先，请您稍等。”

知识链接

高铁晚点会供餐吗？

当列车晚点1小时以上且逢用餐时间时，列车长要提前统计车上旅客人数及去向，并向所在地相关部门的客运调度报告，由客运调度安排前方停车站做好供餐准备工作，免费为旅客供餐。车站按客运调度的安排，为晚点列车提供食品，并做好应急食品使用的登记工作，与晚点列车的列车长一起签字确认。

2. 火灾疏散

（1）列车发生火灾时的应急用语一般为：“旅客们，请不要惊慌，不要拥挤，请在列车工作人员的引导下有序撤离。请大家协助老人、儿童和行动不便的旅客。”

（2）当列车上发生火灾时，车内疏散的应急用语一般为："本次列车的××号车厢出现火情，请在××号车厢的旅客，紧急撤离到邻近车厢，撤离时不要拥挤，保持车厢通畅。其他车厢的旅客请不要走动，让开通道，帮助撤离过来的老人、儿童和行动不便的旅客。我们的列车工作人员正在全力组织灭火，险情很快就会排除。"

（3）当列车上发生火灾时，撤离到列车外的应急用语一般为："本次列车的××号车厢出现火情，需要旅客们紧急撤离到列车外。因 G××次列车工作人员较少，特请解放军战士、人民警察和志愿者们协助我们组织旅客紧急撤离。现在车门已经打开，请旅客们按顺序排队，下车时请不要拥挤、不要慌忙抢下，特别要注意邻线随时有列车通过。下车后请停留在列车工作人员指定的地点，照顾好老人和儿童。"

3. 换乘列车

换乘列车的应急用语一般为："旅客们，本次列车因故障无法运行，需要换乘其他列车的旅客，请整理好随身携带的行李物品，按先后顺序下车后换乘。"

4. 救援连挂

救援连挂（如图 3-5 所示）的应急用语一般为："旅客们，本次列车将实施救援连挂，可能会产生车体震动，为了您的安全，请回到原座位，收起小桌板。检查随身行李物品是否放置平稳、牢固，感谢您的配合。"

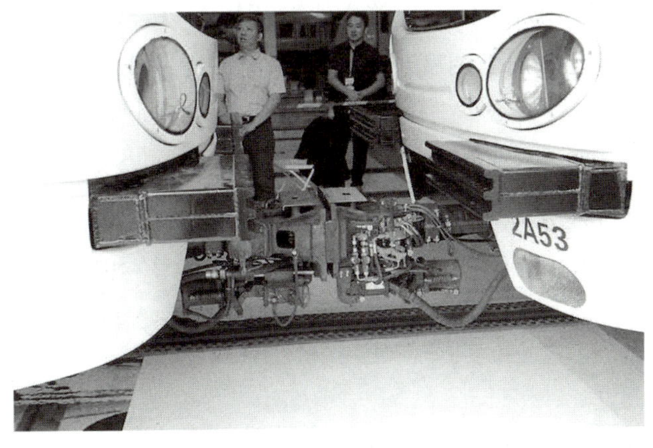

图 3-5　救援连挂

5. 疫情提示

疫情提示的应急用语一般为："现在紧急通知，列车××号车厢有位发热病人（××病疑似病人），列车对该旅客和密切接触者要立即实施隔离，现在立刻封闭××号车厢（××区域）。为避免疫情扩散，各车厢的旅客，请不要走动，不要向车内随意扔垃圾，谢谢您的配合和支持。"

课堂讨论

某日，一列车在运行过程中，工作人员通过热像仪发现一名旅客的体温达38℃，有发烧症状，怀疑其携带某种传染性病毒。随后，这名旅客被送往传染病医院，其所在车厢的所有人员均被送往卫生检疫点进行检查。

讨论：列车内人员密集、空间封闭，病毒容易广泛传播，且病毒传播往往会引发恐慌。你认为该列车的播音员和工作人员应如何应对？

任务实施——高铁常用语播音情景模拟演练

1. 任务描述

选择下列情景或自行设置情景，并采用分角色扮演法进行高铁常用语播音的情景模拟演练。

情景1：2020年3月××日，G××次列车途经京广铁路湖南省郴州市永兴县高亭司镇永华村路段时，附近山体发生滑坡。虽然G××次列车司机发现后采取紧急制动措施，但是列车还是撞上了塌方山体，导致第1节车厢起火，第2～6节车厢脱线倾覆。随后，列车司机立即向邻近的列车调度员报告，郴州市迅速成立事故应急处置指挥部，安排伤员救治、人员疏散等工作。

情景2：2021年4月××日，××铁路乘警在值乘的G××次列车上处罚了一名吸烟旅客。当日××时××分许，G××次列车运行到沈阳北至锦州南区间时，列车烟雾报警器突然报警，列车由200 km/h降速至120 km/h，乘警立即赶到报警的6号车厢卫生间，发现旅客郭某正在厕所内吸烟，全然不知高铁列车因为他的违法行为已经降速。

2. 任务目标

（1）能够进一步培养自身的高铁服务意识。

（2）能够提高高铁播音方面的能力。

（3）能够提高应急事件处理方面的能力。

3. 实施步骤

（1）首先从全班学生中选出 1 名主持人和 3 名计分员，分别负责主持和计分工作；然后将余下学生分成若干组（每组 4～6 人），每组选出 1 名组长。

（2）每组根据所给情景或自行设置的情景进行模拟演练，逐步完善表演，同时将小组名称、演练过程等填入表 3-2 中。

（3）教师组织所有小组进行模拟演练比赛，模拟演练的顺序由各小组现场抽签决定。

（4）本组外的其他组组长为评委，评分标准见表 3-2。除去评委评分中的最高分和最低分，取剩余评分的平均分作为比赛结果，并按平均分的高低排出名次。比赛中总分最多的小组获胜，还可由全体学生投票选出“最佳台风奖”和“最受欢迎奖”。教师可根据情况适当设置奖品。

表 3-2　情景模拟演练表

<table>
<tr><td>小组名称</td><td colspan="2"></td></tr>
<tr><td>演练过程</td><td colspan="2"></td></tr>
<tr><td rowspan="6">演练评分</td><td>是否积极参与（15 分）</td><td></td></tr>
<tr><td>整体组织指挥是否协调（20 分）</td><td></td></tr>
<tr><td>服务态度是否良好（20 分）</td><td></td></tr>
<tr><td>岗位分工是否明确（20 分）</td><td></td></tr>
<tr><td>表达是否流畅、清晰和得体（25 分）</td><td></td></tr>
<tr><td>总分（100 分）</td><td></td></tr>
<tr><td>教师点评</td><td colspan="2"></td></tr>
<tr><td>学生自我评价</td><td colspan="2"></td></tr>
</table>

思考与练习

1. 填空题

（1）播音发声技巧训练主要包括__________、__________和__________。

（2）四声的用气练习包括__________组合练习和__________组合练习。

（3）节奏主要包括__________、__________、__________、__________、__________、高亢型等类型。

（4）情景再现的过程主要分为四步：__________、__________、__________、__________。

（5）__________是指在播音过程中播音员要对听众进行具体的设想，从感觉上把握听众的存在，并时时与播音对象有思想感情的交流、呼应。

（6）__________是指播音时声音对人们思想感情变化的适应能力。

（7）声音弹性对比训练包括__________、__________、__________、__________、厚与薄、粗与细等的练习。

（8）高铁播音的要求主要包括__________，__________，__________。

2. 判断题

（1）在练习四声的用气时，注意发音要准确，出字要有力，咬住字头，拉开字腹，收住字尾，声音连贯，气息控制自如。（　）

（2）语言链条是指语句间的并列关系。（　）

（3）高铁播音是指服务人员在高铁上通过广播设备进行信息传播的活动。（　）

3. 简答题

（1）如何进行口腔控制练习？

（2）喉部控制练习包括哪些？

（3）播音表达外部技巧主要体现在哪些方面？

（4）播音表达内部技巧主要体现在哪些方面？

素质园地：齐越——践行延安精神，做人民的播音员

作为我国人民广播事业的第一位男播音员，齐越忠实践行延安精神，将对党的忠诚与对人民的满腔热爱融入播音事业，是“人民的播音员”的最好诠释。

自 1946 年奔赴延安投身革命起，齐越铿锵有力且极具感染力的声音便与一篇篇党的重要公告与新闻稿处处相随。在解放战争期间，他昂扬热烈的播音将解放军捷报传递到四面八方，鼓舞了解放区军民的精神与士气；1948 年，他经过一个小时的紧张准备，将《中共中央关于土地改革和整党工作的重要指示》共计 3 300 字的稿子一气呵成，圆满完成毛主席“此文件不要播错一个字”的重要指示；在开国大典上，他与丁一岚慷慨激昂、庄严洪亮地向世界直播解说典礼盛况，广播长达 7 个多小时；中华人民共和国成立后，他长期担任中央人民广播电台播音员，见证了众多重大历史时刻，他广播的长篇通讯《谁是最可爱的人》《巍巍昆仑》《县委书记的榜样——焦裕禄》感动了亿万听众，影响了整整一代人。

齐越过硬的业务能力离不开他“扎根人民、深入生活”的工作作风。长期以来，他坚持深入基层、联系群众，走进厂矿车间、走下田间地头，切实体会工农兵生活、与工农兵交朋友、向工农兵学习，以此提升自身业务素质、丰富实践经验。

齐越始终不忘初心，坚定践行延安精神，为党与人民奋斗终生。他曾说：“我是中国人民的播音员，中国共产党的播音员，我传达的是中国人民战胜艰难险阻走向胜利的声音，我传达的是中国共产党堂堂正正的真理之声，我以此引为自豪。”在新时代的背景下，应铭记忠诚敬业、奉献爱民的“齐越精神”，以“为人民服务”为初心与使命，为实现中华民族伟大复兴而奋斗。

项目 4 普通话水平测试应试技巧

项目导读

普通话作为我们常用的交流工具，越来越受到社会的重视，很多特定职位都要求从业人员取得相应的普通话水平测试等级证书。那么，普通话水平测试分哪些等级？各等级的要求是什么？其测试的内容和流程有哪些？其应对策略又是什么呢？本项目将对这些问题进行探讨。

知识目标

- 了解普通话水平测试的定义。
- 掌握普通话水平测试的内容及评分方法。
- 熟悉普通话水平测试的等级标准。
- 熟悉普通话水平测试的流程。
- 掌握普通话水平测试的应对策略。

技能目标

- 能够通过普通话水平测试的应试技巧，提高自身的普通话水平。
- 能够从容应对测试过程中的突发事件。

素质目标

- 通过熟悉普通话水平测试的相关要求，培养严谨的工作作风，提升专业技能。
- 通过了解《汉语拼音方案》的发展历程，认识汉语拼音的时代价值，培养大局观念与国际视野，树立民族自信。

任务 4.1 普通话水平测试认知

任务引入

学习和训练普通话的最终目的是能够运用标准的普通话进行口语表达，更好地与他人进行沟通。从日常生活到工作学习，从私密场合到公开场合，从严谨的商务谈判到轻松的娱乐活动，普通话无处不在。普通话水平测试主要考查应试人说普通话的能力和所能达到的规范程度，同时也潜在考查应试人的心理素质、思维水平、知识储备和实践经验等。由于应试人在这种情境下往往只注意文字的排列组合，因此常常会暴露出许多在单音节字词、多音节词语、选择判断和朗读短文等测试项中可能会被掩盖的发音问题。

请思考：

（1）什么是普通话水平测试？

（2）普通话水平测试的内容和评分方法是什么？

相关知识

4.1.1 什么是普通话水平测试

普通话水平测试

普通话水平测试（PUTONGHUA SHUIPING CESHI，缩写为PSC）是一项国家级资格证书考试，是我国为加快普通话的普及工作、提高普通话水平而设置的一种语言测试。普通话水平测试是对应试人运用普通话的规范程度的口语考试。全部测试内容均以口头方式进行。普通话水平测试不是口才的评定，而是对应试人掌握和运用普通话所达到的规范程度的测查和评定。应试人在运用普通话进行表达的过程中所表现的语音、词汇和语法规范程度，是评定其所达水平的重要依据。

根据国家有关文件规定，普通话水平测试的对象分为两大类：以普通话为工作语言的人员和与口语表达密切相关专业的学生。

（1）以普通话为工作语言的人员。以普通话为工作语言的下列人员，在取得相应职业资格或者从事相应岗位工作前，应当根据法律规定或者职业准入条件的要求接受测试：① 教师。② 广播电台、电视台的播音员、节目主持人。③ 影视话剧演员。④ 国家机关工作人员。⑤ 行业主管部门规定的其他应该接受测试的人员。

（2）与口语表达密切相关专业的学生。师范类专业、播音与主持艺术专业、影视话剧表演专业，以及其他与口语表达密切相关专业的学生，应当接受测试。

高等学校、职业学校应当为本校师生接受测试提供支持和便利。社会其他人员可自愿申请参加测试。在境内学习、工作或生活 3 个月及以上的港澳台人员和外籍人员可自愿申请参加测试。

知识链接

十年来我国共开展普通话水平测试 6 200 余万人次

推广普及国家通用语言文字是我国语言事业非常重要的一项任务。党的十八大以来，我国加快推进语言文字工作治理体系和治理能力现代化。截至 2022 年 6 月，全国普通话水平测试机构发展至 1 700 余个，十年来共开展普通话水平测试 6 200 余万人次、汉字应用水平测试 22 万余人次，建成 122 个国家语言文字推广基地，培养国家级普通话水平测试员 2 135 名。

（资料来源：http://edu.people.com.cn/n1/2022/0629/c1006-32459959.html）

4.1.2　普通话水平测试内容及评分方法

根据《普通话水平测试大纲》的规定，我国普通话水平测试内容包括 5 部分：读单音节字词、读多音节词语、选择判断、朗读短文、命题说话，满分为 100 分。

1. 读单音节字词

共 100 个音节，不含轻声、儿化音节，限时 3.5 分钟，共 10 分。

1）目的

测查应试人声母、韵母、声调读音的标准程度。

2）要求

（1）100 个音节中，70%选自《普通话水平测试用普通话词语表》“表一”，30%选自“表二”。

（2）100 个音节中，每个声母出现的次数一般不少于 3 次，每个韵母出现的次数一般

不少于 2 次，4 个声调出现的次数大致均衡。

（3）音节的排列要避免同一测试要素连续出现。

3）评分

（1）语音错误，每个音节扣 0.1 分。

（2）语音缺陷，每个音节扣 0.05 分。

（3）超时 1 分钟以内，扣 0.5 分；超时 1 分钟以上（含 1 分钟），扣 1 分。

练一练

（1）第一组练习。

搭　票　赌　吃　门　贰　伐　荫　挨　呵
名　怪　嘣　讯　老　溶　涮　司　率　揣
话　留　镖　字　搞　泉　郑　秦　场　沤
涌　催　虐　某　黑　艇　笙　诈　藏　相
捐　次　腮　困　如　柄　浊　妾　约　石
偏　女　掀　酒　闭　归　痣　习　落　委
贼　惹　宽　铁　尚　啃　秧　逆　蹲　叶
婶　僵　黄　丢　润　掐　涩　岸　钻　俩
贫　光　绕　翁　惨　悄　天　悟　苔　菌
史　跨　总　颇　索　否　创　抹　那　番

（2）第二组练习。

哑　铸　染　亭　后　挽　敌　疮　游　乖
仲　君　凑　稳　掐　酱　椰　铂　峰　账
焦　碰　暖　扑　龙　碍　离　鸟　瘸　密
承　滨　盒　专　此　艘　雪　肥　薰　硫
宣　表　嫡　迁　套　滇　砌　藻　刷　坏
虽　滚　杂　倦　垦　屈　所　惯　实　扯
栽　额　屡　弓　拿　物　粉　葵　躺　肉
铁　日　帆　萌　寡　猫　窘　内　雄　伞
蛙　葬　夸　戴　罗　并　摧　狂　饱　魄
而　沈　贤　润　麻　养　盘　自　您　虎

2. 读多音节词语

共 100 个音节，限时 2.5 分钟，共 20 分。

1）目的

测查应试人声母、韵母、声调，以及变调、轻声、儿化读音的标准程度。

2）要求

（1）词语的 70%选自《普通话水平测试用普通话词语表》“表一”，30%选自“表二”。

（2）声母、韵母、声调出现的次数与读单音节字词的要求相同。

（3）上声与上声相连的词语不少于 3 个，上声与非上声相连的词语不少于 4 个，轻声不少于 3 个，儿化不少于 4 个（应为不同的儿化韵母）。

（4）词语的排列要避免同一测试要素连续出现。

3）评分

（1）语音错误，每个音节扣 0.2 分。

（2）语音缺陷，每个音节扣 0.1 分。

（3）超时 1 分钟以内，扣 0.5 分；超时 1 分钟以上（含 1 分钟），扣 1 分。

练一练

（1）第一组练习。

存在　窗户　抽象　尾巴　老板
同盟　聘请　恳切　扰乱　绿化
耳朵　苹果　纠正　承认　庄稼
耍弄　蘑菇　角色　暴虐　会计
大伙儿　非常　美好　否则　解放
隧道　快餐　脉搏　墨水儿　落选
左右　突击　批准　蜜蜂　有点儿
喧嚷　时光　小曲儿　司法　善良
边卡　汤圆　凉爽　俊俏　王冠
拥戴　琼脂　迥然　讹诈　昂首

（2）第二组练习。

勾画　刚才　松软　半截儿　穷人　咧嘴　乒乓球
少女　篡夺　牛顿　沉默　富翁　傻子　持续
佛像　被窝儿　全部　乳汁　对照　家伙　灭亡

连绵	小腿	原则	外国	戏法儿	侵略	咏叹调
愉快	撒谎	下来	昆虫	意思	声明	患者
未曾	感慨	老头儿	群体	红娘	觉得	排演
赞美	运输	抓紧	儿童	症状	机灵	昂首

3. 选择判断

共25组，限时3分钟，共10分。

1）词语判断（10组）

（1）目的：测查应试人掌握普通话词语的规范程度。

（2）要求：根据《普通话水平测试用普通话与方言词语对照表》，列举10组普通话与方言意义相对应但说法不同的词语，由应试人判断并读出普通话的词语。

（3）评分：判断错误，每组扣0.25分。

2）量词、名词搭配（10组）

（1）目的：测查应试人掌握普通话量词和名词搭配的规范程度。

（2）要求：根据《普通话水平测试用普通话与方言常见语法差异对照表》，列举10个名词和若干量词，由应试人搭配并读出符合普通话规范的10组名量短语。

（3）评分：搭配错误，每组扣0.5分。

3）语序或表达形式判断（5组）

（1）目的：测查应试人掌握普通话语法的规范程度。

（2）要求：根据《普通话水平测试用普通话与方言常见语法差异对照表》，列举5组普通话和方言意义相对应，但语序或表达习惯不同的短语或短句，由应试人判断并读出符合普通话语法规范的表达形式。

（3）评分：判断错误，每组扣0.5分。

选择判断合计超时1分钟以内，扣0.5分；超时1分钟以上（含1分钟），扣1分。答题时语音错误，每个错误音节扣0.1分，如果判断错误且已经扣分，就不再重复扣分。

练一练

（1）词语判断：请判断并读出下列各组中的普通话词语。

① 日里　日时　白天　日中　日头

② 鼻　鼻子　鼻公　鼻哥　鼻头

③ 冰箸　冰棒　雪条　冰棍儿

④ 吾爱　勿要　不要　吾要

⑤ 苍蝇　乌蝇　胡蝇　蚨蝇

⑥ 屎窖　屎坑　厕所　粪坑　厝

⑦ 吹牛　吹大炮　车大炮

⑧ 银纸　纸票　钞票　铜钿　纸字

⑨ 卵糕　鸡卵糕　蛋糕

⑩ 丢失　螺脱　吾见

（2）量词、名词搭配：请搭配并读出下列符合普通话规范的量名短语（例如：一条——鱼）。

（量词）把　根　棵　条　所

（名词）住宅　裤子　白菜　学校　竹竿　钥匙　毛巾　剪刀　柳树　冰棍儿

（3）语序或表达形式判断：请判断并读出下列各组中的普通话语句。

① 给本书我。/ 给我一本书。/ 把本书我。

② 别客气，你走头先。/ 别客气，你走先。/ 别客气，你先走。

③ 他比我高。/ 他高过我。/ 他比我过高。

④ 这事我晓不得。/ 这事我知不道。/ 这事我不知道。

⑤ 你有吃过饭没有？/ 你吃过饭没有？

4. 朗读短文

朗读 1 篇短文（400 个音节），限时 4 分钟，共 30 分。

1）目的

测查应试人使用普通话朗读书面作品的水平。在测查声母、韵母、声调读音标准程度的同时，重点测查连读音变、停连、语调及流畅程度。

2）要求

（1）短文从《普通话水平测试用朗读作品》中选取。

（2）评分以朗读作品的前 400 个音节（不含标点符号和括注的音节）为限。

3）评分

（1）每错读 1 个音节，扣 0.1 分；漏读或增读 1 个音节，扣 0.1 分。

（2）声母或韵母的系统性语音缺陷，视程度扣 0.5 分、1 分。

（3）语调偏误，视程度扣 0.5 分、1 分、2 分。

（4）停连不当，视程度扣 0.5 分、1 分、2 分。

（5）朗读不流畅（包括回读），视程度扣 0.5 分、1 分、2 分。

（6）超时扣 1 分。

读一读

可爱的小鸟（节选）

朗读短文《可爱的小鸟》

没有一片绿叶，没有一缕炊烟，没有一粒泥土，没有一丝花香，只有水的世界，云的海洋。

一阵台风袭过，一只孤单的小鸟无家可归，落到被卷到洋里的木板上，乘流而下，姗姗而来，近了，近了！……

忽然，小鸟张开翅膀，在人们头顶盘旋了几圈儿，“噗啦”一声落到了船上。许是累了？还是发现了“新大陆”？水手撵它它不走，抓它，它乖乖地落在掌心。可爱的小鸟和善良的水手结成了朋友。

瞧，它多美丽，娇巧的小嘴，啄理着绿色的羽毛，鸭子样的扁脚，呈现出春草的鹅黄。水手们把它带到舱里，给它“搭铺”，让它在船上安家落户，每天，把分到的一塑料筒淡水匀给它喝，把从祖国带来的鲜美的鱼肉分给它吃，天长日久，小鸟和水手的感情日趋笃厚。清晨，当第一束阳光射进舷窗时，它便敞开美丽的歌喉，唱啊唱，嘤嘤有韵，宛如春水淙淙。人类给它以生命，它毫不悭吝地把自己的艺术青春奉献给了哺育它的人。可能都是这样？艺术家们的青春只会献给尊敬他们的人。

小鸟给远航生活蒙上了一层浪漫色调。返航时，人们爱不释手，恋恋不舍地想把它带到异乡。可小鸟憔悴了，给水，不喝！喂肉，不吃！油亮的羽毛失去了光泽。是啊，我们有自己的祖国，小鸟也有它的归宿，人和动物都是一样啊，哪儿也不如故乡好！

慈爱的水手们决定放开它，让它回到大海的摇篮去，回到蓝色的故乡去。离别前，这个大自然的朋友与水手们留影纪念。它站在许多人的头上，肩上，掌上，胳膊上，与喂养过它的人们，一起融进那蓝色的画面……

5. 命题说话

限时 3 分钟，共 30 分。

1）目的

测查应试人在无文字凭借的情况下说普通话的水平，重点测查语音标准程度、词汇语法规范程度和自然流畅程度。

2）要求

（1）说话话题从《普通话水平测试用话题》中选取，由应试人从给定的两个话题中选定 1 个话题，连续说一段话。

（2）应试人单向说话。当发现应试人有明显背稿、离题、说话难以继续等表现时，主试人应及时提示或引导。

3）评分

（1）语音标准程度，共 20 分，分六档。

一档：语音标准，或极少有失误，视程度扣 0 分、0.5 分、1 分。

二档：语音错误在 10 次以下，有方音但不明显，视程度扣 1.5 分、2 分。

三档：语音错误在 10 次以下，但方音比较明显；或语音错误在 10～15 次之间，有方音但不明显。上述任意情况，视程度扣 3 分、4 分。

四档：语音错误在 10～15 次之间，方音比较明显，视程度扣 5 分、6 分。

五档：语音错误超过 15 次，方音明显，视程度扣 7 分、8 分、9 分。

六档：语音错误多，方音重，视程度扣 10 分、11 分、12 分。

小贴士

方音是指方言的语音。

（2）词汇语法规范程度，共 5 分，分三档。

一档：词汇、语法规范，扣 0 分。

二档：词汇、语法偶有不规范的情况，视程度扣 0.5 分、1 分。

三档：词汇、语法屡有不规范的情况，视程度扣 2 分、3 分。

（3）自然流畅程度，共 5 分，分三档。

一档：语言自然流畅，扣 0 分。

二档：语言基本流畅，口语化较差，有背稿子的表现，视程度扣 0.5 分、1 分。

三档：语言不连贯，语调生硬，视程度扣 2 分、3 分。

说话不足 3 分钟，酌情扣分：缺时 1 分钟以内（含 1 分钟），扣 1 分、2 分、3 分；缺时 1 分钟以上，扣 4 分、5 分、6 分；说话不满 30 秒（含 30 秒），本测试项成绩计为 0 分。

练一练

（1）假日生活。

假日包括双休日和节庆假日等。应试人可以说一说自己的双休日一般是如何安排的，较长时间的节庆假日又是如何安排的，在假日里都发生过哪些难忘的事，等等。应试人如果是学生，还可以说一说自己的寒暑假是如何度过的，在假期里自己都做了哪些有意义的事情等。

（2）谈社会公德（或职业道德）。

社会公德包括文明礼貌、爱护公物、遵纪守法、尊老爱幼和助人为乐等。应试人在谈论社会公德时，可以从小的方面（如公交车上的一次让座）谈起，也可以从大的方面（如捍卫社会文明建设成果和国家利益）谈起。职业道德是指从事某一职业的人

士应该遵守的道德规范，包括爱岗敬业、诚实守信、办事公道、服务群众和奉献社会。应试人在谈论职业道德时，不应局限于某一种职业应该遵守的道德，而应该宽泛地谈每种职业都应该遵循的职业道德。最后，应试人可以说一说遵守社会公德或职业道德的重要性，并呼吁大家一起遵守社会公德或职业道德。

知识链接

各省、自治区、直辖市语言文字工作部门可以根据测试对象或本地区的实际情况，决定是否免测"选择判断"测试项。如果免测此项，那么"命题说话"测试项的分值将由30分调整为40分。评分档次不变，具体分值调整如下。

（1）语音标准程度的分值，由20分调整为25分。

一档：扣0分、1分、2分。

二档：扣3分、4分。

三档：扣5分、6分。

四档：扣7分、8分。

五档：扣9分、10分、11分。

六档：扣12分、13分、14分。

（2）词汇语法规范程度的分值，由5分调整为10分。

一档：扣0分。

二档：扣1分、2分。

三档：扣3分、4分。

（3）自然流畅程度，仍为5分，各档分值不变。

4.1.3 普通话水平测试等级标准

根据《普通话水平测试等级标准》的规定，将普通话水平测试等级分为三个级别（一级称为标准的普通话，二级称为比较标准的普通话，三级称为一般水平的普通话），每个级别又分为甲、乙两个等次，即三级六等。其中，一级甲等为最高等级，三级乙等为最低等级，具体见表4-1。

表4-1 普通话等级标准对应分值情况

普通话等级		测试得分
一级	甲等	97分（含）以上
	乙等	97～92（含）分

（续表）

普通话等级		测试得分
二级	甲等	92～87（含）分
	乙等	87～80（含）分
三级	甲等	80～70（含）分
	乙等	70～60（含）分

1. 一级

普通话一级水平可分为一级甲等和一级乙等两个等级。

甲等：朗读和自由交谈时，语音标准，词汇、语法正确无误，语调自然，表达流畅。测试总失分率在 3%以内。

乙等：朗读和自由交谈时，语音标准，词汇、语法正确无误，语调自然，表达流畅。偶有字音、字调失误。测试总失分率在 8%以内。

2. 二级

普通话二级水平可分为二级甲等和二级乙等两个等级。

甲等：朗读和自由交谈时，声韵调发音基本标准，语调自然，表达流畅。少数难点音有时出现失误，词语、语法极少有误。测试总失分率在 13%以内。

乙等：朗读和自由交谈时，个别调值不准，声母和韵母发音有不到位的现象。难点音失误较多。有使用方言词、方言语法的情况，但方言语调不明显。测试总失分率在 20%以内。

3. 三级

普通话三级水平可分为三级甲等和三级乙等两个等级。

甲等：朗读和自由交谈时，声韵调发音失误较多，难点音超出常见范围，声调调值多不准。方言语调较明显。词汇、语法有失误。测试总失分率在 30%以内。

乙等：朗读和自由交谈时，声韵调发音失误多，方音特征突出。方言语调明显。词汇、语法失误较多。外地人听其谈话有听不懂情况。测试总失分率在 40%以内。

小贴士

不同地区、不同职业对普通话等级的要求不同。例如，国家级和省级广播电台、电视台的播音员、节目主持人，普通话水平应达到一级甲等；公共服务行业的特定岗位人员（如广播员、解说员等），普通话水平不低于二级甲等；中小学及幼儿园、校外教育单位的教师，普通话水平不低于二级乙等。

任务实施——知识转盘竞赛

1. 任务描述

转盘问答题库

为了加深学生对普通话水平测试基础知识的认识，教师组织学生以“我对普通话水平测试的认知”为主题，进行知识转盘竞赛。

2. 任务目标

（1）巩固普通话水平测试的基础知识。

（2）能够树立自信心，做好普通话水平测试的应试心理准备。

3. 实施步骤

（1）分组。首先从全班学生中选出 1 名主持人和 3 名计分员，分别负责主持和计分工作；然后将余下学生分成若干组（每组 4～6 人）。

（2）准备比赛。所有小组以水平摆放的转盘为中心围成一圈，每组内的所有成员依次坐好，教师在圈内组织比赛。

（3）正式比赛。教师转动转盘，转盘指向哪一组，哪一组的学生回答问题，回答错误不扣分，可由其他组抢答。

（4）比赛评比。计分员根据竞赛的情况，计算出每组分数，比赛中总分最多的小组获胜，并获得“转盘之星”称号，还可由全体学生投票选出“最强大脑奖”和“最受欢迎奖”。教师可根据情况适当设置奖品。学生将自己在竞赛中不会或答错的题目及其答案、自我评价写在表 4-2 中。

表 4-2　任务评价表

竞赛中不会或答错的题目及其答案	学生自我评价

任务 4.2 普通话水平测试流程与应对策略

任务引入

普通话水平测试看起来容易，好像只是读一读、说一说，殊不知这种考试实际上是对应试人的语言组织能力、口头表达能力、应变能力等的综合考查。应试人要想在普通话水平测试中应对自如，取得好的成绩，除了要掌握普通话水平测试的内容，还应熟悉测试流程，并掌握一些应对策略。

请思考：普通话水平测试流程和应对策略是什么？

相关知识

4.2.1 普通话水平测试流程

1. 候测

应试人在测试当天须携带身份证、准考证进入考场，并在信息采集室采集信息。信息采集包括身份信息验证、照片采集和系统抽签 3 个环节。在身份信息验证环节，应试人应将身份证贴到终端设备的相应位置上进行身份信息验证。在照片采集环节，应试人应在指定位置拍照采集照片。在系统抽签环节，应试人应记住系统随机分配给自己的考试机号。

需要注意的是，若测试站采用的是指纹验证的方式，那么在身份信息验证环节之后，测试站还会采集指纹，应试人进入测试室时应按照要求进行指纹验证。

2. 测试

应试人应携带考试证件（身份证、准考证）进入考场，并按照机测的步骤提示完成测试，测试流程大致如下。

1）人脸验证登录

应试人进入对应的测试机房，找到对应的测试机位后，应坐好并正对摄像头，通过人脸识别的方式登录测试系统。

2）核对信息

通过人脸识别后，电脑界面会自动跳转到信息核对界面（见图 4-1），应试人应认真核对个人信息，然后在确认无误后点击“确定”按钮进入下一环节。若信息错误，则应试人应立即告知监考人员。

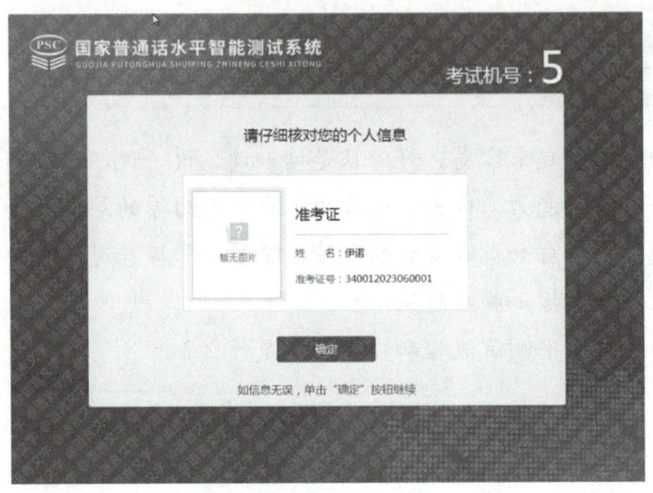

图 4-1 信息核对界面

3）佩戴耳机

应试人应按照屏幕提示佩戴好耳机，并将麦克风调整到距嘴边 2～3 cm 的位置，如图 4-2 所示。

图 4-2 普通话水平测试麦克风位置示意图

4）系统试音

佩戴好耳机之后，进入系统试音界面，如图 4-3 所示。试音是为了应试人在正式测试时能顺利完成录音并保证录音质量。试音时，应试人要以适中的音量和语速朗读文本框中的试音文字。如果试音成功，则页面会弹出“试音成功，请等待考场指令！”的提示框。如果试音失败，则页面会弹出提示框，要求应试人点击“确认”按钮重新试音。如果试音一直无法成功，则应试人应举手示意，请求监考人员的帮助。

图 4-3　系统试音界面

5）正式测试

应试人应根据语音提示依次进行测试。

第一题的测试界面如图 4-4 所示。应试人应依据电脑提供的测试内容横向逐行朗读，并在朗读完毕后，点击右下角的“下一题”按钮，进入第二题的测试界面。

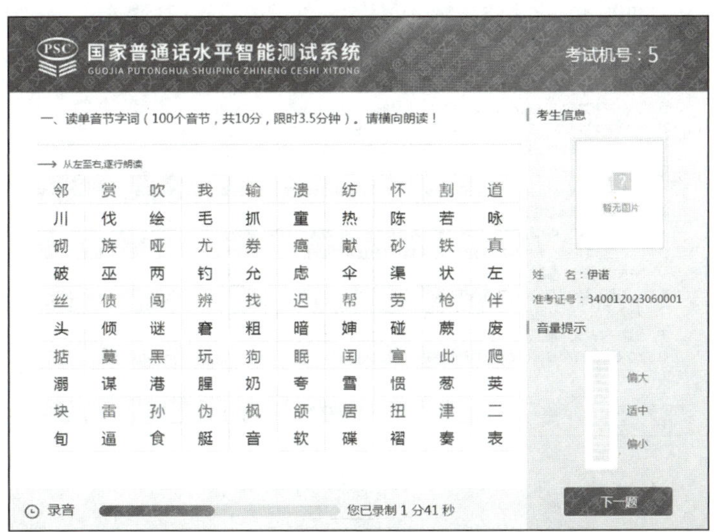

图 4-4　第一题测试界面

第二题的测试界面如图 4-5 所示。应试人应根据电脑提供的测试内容横向逐行朗读，并在朗读完毕后，单击右下角的“下一题”按钮，进入第三题的测试界面。第一题和第二题的字词通常是一行黑字、一行蓝色，以示区别。

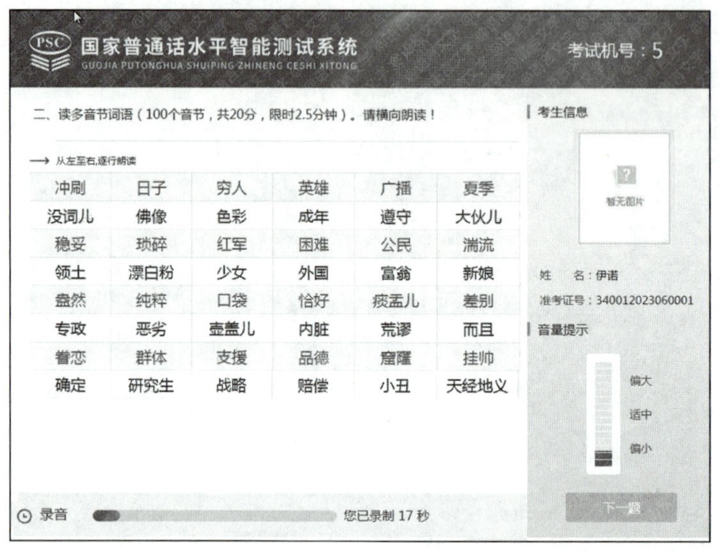

图 4-5 第二题测试界面

第三题的测试界面如图 4-6 所示。应试人应认真朗读界面内容，并在朗读过程中注意语速和节奏。朗读完毕后，应试人应单击右下角的“下一题”按钮，进入第四题的测试界面。

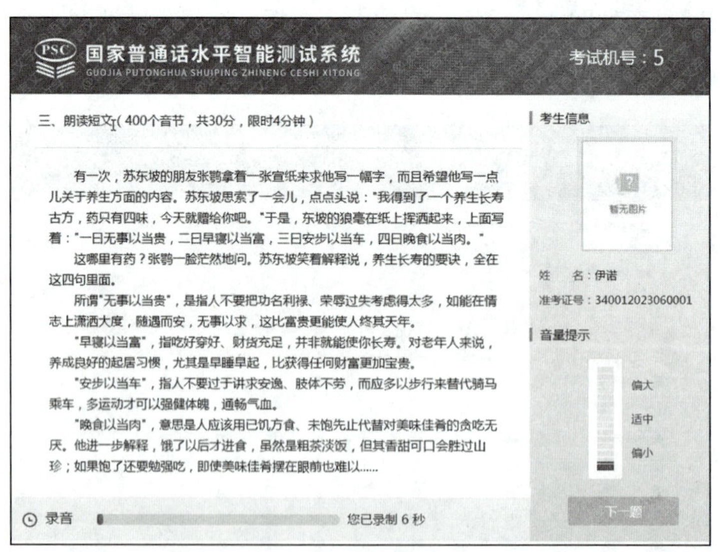

图 4-6 第三题测试界面

第四题的测试界面如图 4-7 所示。第四题一般有两个题目可供选择。应试人应按照提示，在 10 秒内点击选择说话的题目。确认题目后，应试人有 30 秒的准备时间，在“嘟”声后，应试人应马上开始答题。答题时，应试人应先读出所选择的说话题目，再开始说话，并说满 3 分钟。在说话过程中，应试人可以根据屏幕下方的时间提示条来把握时间。

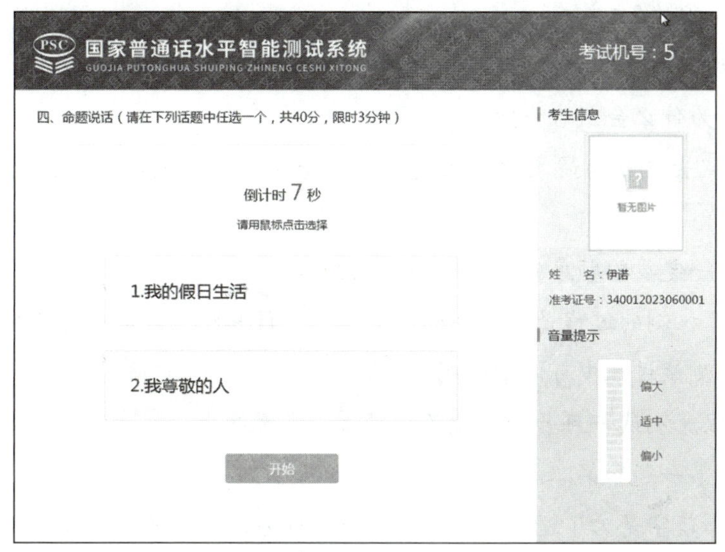

图 4-7 第四题测试界面

6）测试结束

应试人完成所有测试后，系统会自动提交试卷，并显示测试结束界面（见图 4-8）。看到此界面后，应试人便可离开考场。

图 4-8 测试结束界面

释疑解惑

机测相关问题解答

（1）问：在测试信息核对环节，如果发现信息核对界面中应试人的姓名或准考证号有误，应该怎么办？

答：请及时与考场工作人员沟通，以便采取恰当的方式解决此问题。

（2）问：为什么会试音失败？

答：造成试音失败的最主要原因是应试人音量过小，因此在测试时应试人必须保持适度的音量。

（3）问：一定要按顺序完成测试内容吗？

答：是的。机测的过程是不可逆的，必须按照计算机呈现的顺序来完成。

（4）问：测试过程中可以暂停吗？

答：不可以。测试一旦开始，就不会停止，直至结束。

（5）问：第一题和第二题为什么有黑字和蓝字？

答：黑字和蓝字是为了避免应试人因较长时间看屏幕而产生视觉疲劳。

（6）问：进行第四题命题说话测试时，可以背诵事先准备好的稿件吗？

答：不可以。第四题命题说话考查的就是应试人在没有文字凭借情况下的普通话水平，如果应试人在本项测试中背事先准备好的稿件，根据评分标准是会被扣分的。

（7）问：对于第四题命题说话，可以中途更换说话题目吗？

答：不可以。在测试过程中，应试人如果随意更改说话题目将被视为离题，根据评分标准是会被扣分的。

4.2.2 普通话水平测试的应对策略

1. 考场嘈杂、心不静的应对策略

由于每个考场中都有很多人，测试开始后，几十个人一起读、说，因此考场会变得嘈杂，应试人也会烦躁、静不下心来，以致不能很好地集中于自己的测试内容。此时不应泄气或沮丧，最好的办法是鼓励自己，重拾信心，同时可以做几次深呼吸，使自己慢慢平静下来，并暗示自己：“除了考试，别的都与我无关。我要专注，我能行，我是最棒的，加油！”

2. 讲错时的应对策略

在测试过程中，如果应试人处于紧张状态，就很容易说错话。应试人在说错时，不要慌张、乱了分寸，更不要为了修正错误而不断重述，要学会自圆其说，如在说错后进行反问“刚才这种说法对不对呢？”。

3. 卡壳时的应对策略

应试人在测试中途，可能受到外界干扰或因意外情况发生而卡壳。此时，不可中断讲话，最好的办法是以不变应万变，想到哪里就接着讲下去。另外，还可以运用过渡句来获取自己思考和反应的时间，以顺接到后面的内容。

4. 考试时计算机出现异常的应对策略

在计算机出现异常情况的时候，不要气急败坏、大吵大闹，影响他人考试。应试人要摆正自己的心态，举手示意监考人员，通常监考人员会重新为应试人安排考试。

5. 考场异常安静的应对策略

普通话水平测试属于集体考试，每个考场里面都有几十个人，每个人的情况也不尽相同：有的人语速快、操作快，完成得自然也快；有的人语速慢、操作慢，完成得自然也慢。当很多人已经完成测试，嘈杂的考场慢慢变得安静的时候，没有完成的应试人就会紧张起来，乱了方寸，害怕自己说得不好，被别人笑话，于是在这种状态下，就希望自己越快结束越好。但这是不正确的，正确的做法是迅速调整心态，从容应对，做好自己手头重要的事情，不要在乎别人的看法，更不要受周围环境的影响。

任务实施——上机模拟测试

1. 任务描述

为了使学生熟悉机测流程，掌握应对策略，教师组织学生进行上机模拟测试。

2. 任务目标

（1）通过上机模拟测试，能够熟悉机测流程，掌握应对策略，从容应对考试，从而取得好成绩。

（2）能够树立自信心，做好职业心理准备。

3. 实施步骤

（1）分组。首先从全班学生中选出 1 名主持人和 3 名计分员，分别负责主持和计分工作；然后将余下学生分成若干组（每组 4～6 人），每组选出 1 名组长。

（2）测试准备。教师为学生提供普通话水平测试模拟试卷（模拟试卷一、二），对所有小组进行培训和指导。

（3）正式测试。教师组织所有小组上机模拟测试，测试顺序由各小组现场抽签决定。读单音节字词、读多音节词语和朗读短文是计算机系统评分，命题说话是人工评分（这里由教师进行评分）。

（4）测试评比。本组外的其他组组长为评委，评分标准见表 4-3。除去评委评分中的最高分和最低分，取剩余评分的平均分作为人脸验证登录、核对信息、佩戴耳机和系统试音项目的比赛成绩。再加上计算机系统评分后的比重得分和人工评分，作为比赛最终结果，按总分的高低排出名次。比赛设一等奖 1 名，二等奖 2 名，还可由全体学生投票选出“最佳声优奖”和“最受欢迎奖”。教师可根据情况适当设置奖品。

表 4-3　评分标准

评价项目	评分标准	得　分
人脸验证登录（5 分）	认真细心，准确无误	
核对信息（5 分）	认真细心，准确无误	
佩戴耳机（10 分）	佩戴规范，话筒位置正确	
系统试音（10 分）	按要求操作，精神饱满，亲切自然	
开始测试（70 分）	读单音节字词（7 分）：语音正确无误，在规定时间内完成	
	读多音节词语（14 分）：语音正确无误，在规定时间内完成	
	朗读短文（21 分）：语音、语调正确无误，且在规定时间内完成；无漏读或增读情况；停连适当；朗读流畅	
	命题说话（28 分）：语音标准；词汇、语法规范；语言自然流畅	
合　计		

普通话水平测试模拟试卷（一）

一、读单音节字词（100 个音节，共 10 分，限时 3.5 分钟）。

用 烤 从 钙 峡 肉 小 绒 发 泥
懒 捏 错 乡 共 则 耍 认 否 提
荡 锄 秋 何 柄 牢 审 托 给 红
垒 厚 捣 陪 许 债 吃 蹭 抢 还
射 免 江 点 您 指 问 犬 混 旋
领 吊 平 钟 财 筝 局 忘 扎 瓦
骂 坡 穴 糠 拽 丢 唱 宽 假 钻
辈 抄 喂 品 训 庄 闪 丝 卷 裂
青 嘴 风 贰 熄 跳 能 乐 称 闷
口 腹 阴 壁 牙 碎 沉 恶 别 难

二、读多音节词语（100 个音节，共 20 分，限时 2.5 分钟）。

仍旧 花样儿 开会 下去 僧尼 明年
嘟囔 英雄 鬼子 钢铁 状况 舞女
佛经 窈窕 深海 抓获 逗乐儿 贫穷
涅槃 柔软 福气 差别 懊恼 平均
红外线 疲倦 侵略 职工 顺手 波长
骆驼 干脆 小瓮儿 专门 两边 决心
不快 惨死 盗贼 幼儿园 尊重 亏损
合群儿 吃饭 魅力 国家 东欧 肆无忌惮

三、朗读短文（400 个音节，共 30 分，限时 4 分钟）。

照北京的老规矩，春节差不多在腊月的初旬就开始了。“腊七腊八，冻死寒鸦”，这是一年里最冷的时候。在腊八这天，家家都熬腊八粥。粥是用各种米，各种豆，与各种干果熬成的。这不是粥，而是小型的农业展览会。

除此之外，这一天还要泡腊八蒜。把蒜瓣放进醋里，封起来，为过年吃饺子用。到年底，蒜泡得色如翡翠，醋也有了些辣味，色味双美，使人忍不住要多吃几个饺子。在北京，过年时，家家吃饺子。

孩子们准备过年，第一件大事就是买杂拌儿。这是用花生、胶枣、榛子、栗子等干果

与蜜饯掺和成的。孩子们喜欢吃这些零七八碎儿。第二件大事是买爆竹，特别是男孩子们。恐怕第三件事才是买各种玩意儿——风筝、空竹、口琴等。

孩子们欢喜，大人们也忙乱。他们必须预备过年吃的、喝的、穿的、用的，好在新年时显出万象更新的气象。

腊月二十三过小年，差不多就是过春节的“彩排”。天一擦黑儿，鞭炮响起来，便有了过年的味道。这一天，是要吃糖的，街上早有好多卖麦芽糖与江米糖的，糖形或为长方块或为瓜形，又甜又黏，小孩子们最喜欢。

过了二十三，大家更忙。必须大扫除一次，还要把肉、鸡、鱼、青菜、年糕什么的都预备充足——店//铺多数正月初一到初五关门，到正月初六才开张。

四、命题说话（请在下列话题中任选一个，限时 3 分钟，共 40 分）。

1. 我喜欢的美食。
2. 学习普通话（或其他语言）的体会。

普通话水平测试模拟试卷（二）

一、读单音节字词（100 个音节，共 10 分，限时 3.5 分钟）。

假	比	华	润	瘸	熊	颇	圈	色	日
爽	就	观	胚	次	肉	还	毛	坑	腿
滨	抢	嗅	解	标	点	折	翁	需	她
印	供	份	剖	裙	称	雪	端	俩	通
皿	小	闹	切	恩	填	胜	全	台	囊
球	造	蛇	语	荒	讲	幅	尺	蟒	国
先	损	景	得	水	理	闻	字	垂	竹
纵	战	撤	鸣	领	掌	拐	呆	号	尊
遗	罗	非	嘴	翻	春	督	擦	虑	拽
所	策	丙	丝	刊	捏	枢	垮	量	光

二、读多音节词语（100 个音节，共 20 分，限时 2.5 分钟）。

衰退	充斥	帮忙	脂肪	填塞	夹子
自满	全文	水蒸气	专家	乳牛	头号
窘迫	想象力	人民	远程	垂钓	投标
受训	尽管	烈士	痰盂儿	平行	凭空

缺陷	空旷	橱窗	主宰	苍穹	绝招儿
猜测	飞禽	火锅儿	分辨	关怀	染色
类别	取舍	中旬	混沌	篱笆	打盹儿
奶牛	梅花	高傲	明矾	检查	自力更生

三、朗读短文（400 个音节，共 30 分，限时 4 分钟）。

在我国历史地理中，有三大都城密集区，它们是：关中盆地、洛阳盆地、北京小平原。其中每一个地区都曾诞生过四个以上大型王朝的都城。而关中盆地、洛阳盆地是前朝历史的两个都城密集区，正是它们构成了早期文明核心地带中最重要的内容。

为什么这个地带会成为华夏文明最先进的地区？这主要是由两个方面的条件促成的，一个是自然环境方面的，一个是人文环境方面的。

在自然环境方面，这里是我国温带季风气候带的南部，降雨、气温、土壤等条件都可以满足旱作农业的需求。中国北方的古代农作物，主要是一年生的粟和黍。黄河中下游的自然环境为粟黍作物的种植和高产提供了得天独厚的条件。农业生产的发达，会促进整个社会经济的发展，从而推动社会的进步。

在人文环境方面，这里是南北方、东西方大交流的轴心地区。在最早的六大新石器文化分布形势图中可以看到，中原处于这些文化分布的中央地带。无论是考古发现还是历史传说，都有南北文化长距离交流、东西文化相互碰撞的证据。中原地区在空间上恰恰位居中心，成为信息最发达、眼界最宽广、活动最//繁忙、竞争最激烈的地方。正是这些活动，推动了各项人文事务的发展，文明的方方面面就是在处理各类事务的过程中被开创出来的。

四、命题说话（请在下列话题中任选一个，限时 3 分钟，共 40 分）。

1. 难忘的旅行。
2. 印象深刻的书籍（或报刊）。

思考与练习

1. 填空题

（1）__________是一项国家级资格证书考试，是我国为加快普通话的普及工作、提高普通话水平而设置的一种语言测试。

（2）目前，普通话水平测试是以__________方式进行的。

（3）在普通话水平测试中，读单音节字词的目的是测查应试人__________、__________、__________读音的标准程度。

（4）在普通话水平测试中，读多音节词语的目的是测查应试人声母、韵母、声调，以及__________、__________、__________读音的标准程度。

（5）在普通话水平测试中，选择判断包括三种题型：__________；__________；__________。

（6）朗读短文在测查声母、韵母、声调读音标准程度的同时，还重点测查了连读音变、__________、__________及流畅程度。

（7）上机考试的具体流程是人脸验证登录、核对信息、__________、__________、__________和测试结束。

2. 判断题

（1）在普通话水平测试中，读单音节字词里不含轻声、儿化音节。（　　）

（2）在读单音节字词的 100 个音节中，每个声母出现的次数一般不少于 2 次，每个韵母出现的次数一般不少于 2 次，4 个声调出现的次数大致均衡。（　　）

（3）朗读短文的目的是测查应试人使用普通话朗读书面作品的水平。（　　）

（4）命题说话的目的是测查应试人在有文字凭借的情况下说普通话的水平，重点测查语音标准程度、词汇语法规范程度和自然流畅程度。（　　）

（5）在普通话水平测试中，命题说话中语音标准程度评分可分为六档。（　　）

3. 简答题

（1）我国普通话水平测试内容包括哪些部分？

（2）简述普通话水平测试的等级标准。

（3）简述普通话水平测试的应对策略。

素质园地：《汉语拼音方案》的“前世今生”

自 1958 年批准颁布《汉语拼音方案》至今，汉语拼音作为学习标准普通话的重要工具，已经被广泛应用于各个领域。然而，汉语拼音并非自古有之。

在出现拼音字母以前，我国古代主要采用直音与反切的方法为汉字注音。直音，即采用同音字标注汉字读音。反切，即分别采用两个汉字的声母、韵母和声调为汉字

注音，与所注字声母相同为反切上字，韵母与声调相同为反切下字。明朝末年，西方传教士将拉丁字母拼写方法传入中国以拼写汉语，为之后汉语拼音的发展奠定了基础。清朝末年，康有为、卢戆章、王照等爱国知识分子在民族危亡之际呼吁以教育救国，主张学习当时欧美及日本等国家的文字拼音方式，“以字母取音，以简易之新文”，由此兴起了一场“切音字运动”，引起广泛讨论。在这之后，又有为汉字注音的注音字母运动、改用罗马字母书写的国语罗马字运动、用拉丁化新文字代替汉字的拉丁化新文字运动等，一直延续至 1958 年《汉语拼音方案》公布。

在今天，《汉语拼音方案》已经成为中国的法定拼音方案与拼写汉语的国际标准，为语文教学、少数民族文字创制与改革、对外文化沟通与交流等做出了重要贡献。在新时代的背景下，汉语拼音是中外思想交融的结晶，也是中国文化海外译介的重要手段。汉语拼音的国际推广是对汉语国际影响力、国际认可度的提升，还是国家综合实力的彰显，对实现中华民族伟大复兴具有重要意义。

参考文献

[1] 李秀然. 普通话语音训练 [M]. 北京：中国铁道出版社，2018.

[2] 吴弘毅. 实用播音教程 [M]. 北京：北京广播学院出版社，2001.

[3] 王炜. 普通话语音基础与播音发声实训 [M]. 北京：科学出版社，2015.

[4] 马利娟，隋东旭. 高速铁路客运服务语言与沟通技巧 [M]. 北京：北京交通大学出版社，2019.

[5] 李媛媛，段亚琳. 高铁乘务普通话与播音艺术 [M]. 成都：西南交通大学出版社，2020.

[6] 杨长进. 空乘服务语言艺术与播音技巧 [M]. 北京：航空工业出版社，2014.

[7] 李继军. 普通话水平测试与训练教程 [M]. 上海：上海交通大学出版社，2016.

[8] 邢桂芳. 普通话应用教程 [M]. 北京：航空工业出版社，2012.